JN218116

外資系コンサルが教える
難題を解決する12ステップ

プロジェクトリーダーの教科書

中鉢 慎◎著

かんき出版

はじめに

21世紀に入り20年近くが経ちました。あらゆる業界でデジタルトランスフォーメーションが進み、RPA（ロボットによる業務自動化）／AI（人工知能）やIoT（Internet of Things：モノのインターネット）化の浸透、モビリティのEV（電気自動車）化およびレベル4（完全自動運転）への移行、仮想通貨やフィンテックによる金融業界の激変もすでに始まっています。

VUCA（Volatility（変動性）、Uncertainty（不確実性）、Complexity（複雑性）、Ambiguity（曖昧性））という言葉に代表されるように、不確実さと変化のスピードは留まることを知りません。ライブドアショック、リーマンショックと二度の打撃を受けた日本経済も少しずつ復調の兆しが見え始めてはいますが、ライフスタイルの多様化、市場における製品サイクルの短命化、新興国の台頭、顧客環境の変化に伴い、すべての企業、そして私たちビジネスパーソンも働き方を含めて自己変革の必要性を余儀なく突きつけられています。

日本国内においては、一時期、新卒採用を控えていた大手企業も業績を回復し、国内外の優秀な人材を獲得しようと熾烈な人材争奪戦（タレント・ウォー）を繰り広げています。最近では多くの企業で、生産性向上を目指した時短や働き方改革に関する取り組みも始まっています。

しかし、現場を見てみるとどうでしょうか？　過去のリストラクチャリング（事業再構築）によってギリギリまで絞り込まれた少人数体制のため、**いざ、新規プロジェクトを立ち上げようとしても人がいない**。残されたメンバーの専門性を高めた反面、ジョブローテーションが機能していない。その結果、業務が人に固定化され、高齢化が進み、疲弊し切っている現場が多いように感じます。

最近では、「プレイングマネージャー」という耳当たりのいい言葉も聞かれますが、実態は「管理もやれ、現場もやれ、人材育成もやれ、経営者感覚を持て！　新規事業を考えろ！　いっそのこと全部やれ！」というような、ムチャぶりとしか思えない状況に陥っている方も多いのではないでしょうか？

私は25年前に大学を卒業後、外資系コンサルティング会社でビジネスパーソンとしてのキャリアをスタートしました。企業向けの業務改革およびシステム改革のプロジェクトリーダーとして、日本、アメリカ、中国で様々なプロジェクトに参画してきました。

その後、ITスタートアップ企業の経営陣として5年間の経験を経て、2011年からは教育関連事業会社を2社起業し、国内外を飛び回っています。一見すると、外資系コンサルタントから事業会社経営者への転身、と華々しい経歴に誤解されるかもしれません。しかし、最初に白状しておくと、**私のキャリアのほとんどは「トラブルリカバリー」**です。

参画してきたプロジェクトはいずれも「スケジュール遅延」「品質不良」「スコープ破綻」「コストオーバーラン」「損害賠償交渉」「前プロマネ失踪」「チーム崩壊」「赤字経営」「資金ショート」などの理由から、会社や株主から「立て直し」を命じられたアサインばかり。

プロジェクト参画時にお客様から罵声を浴びることはあっても、笑顔で迎えていただいた経験は記憶にありません。「アンタ、どうやって責任取るんだ？」「ホントに立て直せるのか？」「もっとスキルのあるメンバーを連れてこいよ！」「金返せ、ゴラァ！」などなど。

敵はお客様ばかりではありません。時には、身内（社内）に最大にして最強の敵が潜んでいます。月間250時間以上の残業、すでにデスマーチ（主にIT業界で使われる言葉で、過酷な労働環境や過度に疲弊したプロジェクト状況を指す）と化しているにもかかわらず、お客様からの追加要望を易々と引き受けるマネジメント、「この金額じゃないと受注できないんです！」と安価で受注しておいてデリバリー部隊に丸投げする営業マン、自身のスキルや経験不足を棚に上げてプロジェクト批判ばかりを繰り返すサブコントラクター（業務委託先企業）、「この仕事をやっても自分のキャリアアップに繋がると思えないので、辞めさせていただきます」と声高にのたまう意識高い系の若手メンバーなど枚挙にいとまはありません。それでも、プロジェクトが失敗すれば、それらはすべてリーダーの責任として容赦なく弾劾されるわけです。

そこで、本書では、私が13年間にわたるコンサルタント経験および12年間の事業会社の経営経験を通じて得た、泥臭く、時には一般的なセオリーと逆行するような、**実践的なプロジェクトリーダーシップについて、みなさんと共有させていただきます**。

私は、トラブルリカバリーのプロとして多くのプロジェクトの立て直しを行ってきました。その頃に培ったノウハウや経験はコンサルティング業界から、ベンチャー企業の経営者に転身した後も、大いに役立ちました。ビジネスのみならず、日常の生活において直面する問題の解決においても、今も最大限活用しています。

本書をお読みいただければ、**日々の業務に忙殺されていた現場が活力を取り戻すヒントや、お客様に満足いただけるプロジェクト成功の秘訣**をきっと見つけていただけるでしょう。

本書を通じて、みなさんの日々のプロジェクトワーク、チームづくりにおいて、少しでもお役に立てるヒントが得られることを心から祈っています。

2018年6月

中鉢　慎

外資系コンサルが教える難題を解決する12ステップ

プロジェクトリーダーの教科書　もくじ

はじめに　2

序章　本書でプロジェクト マネジメントを学ぶべき理由

すべての業務はプロジェクト化する　12
■プロジェクトの成功を阻む４つのハードル　15
プロジェクトの成功をたぐり寄せるD3アプローチとは　19
なぜ、プロジェクトに「型」が必要なのか　22

第1章　定義フェーズ

ゴールのないマラソンは走れない　26

STEP 1　最終目標

急いでいる時ほど、じっくり考えろ！　30
■大きなゴールは細分化する　33
■マイルストンを設定する　34
成功するプロジェクトは終わりから逆算する　36

STEP 2　対象範囲

「やらないこと」を宣言せよ！　43
成果の三要素を定義する　46

STEP 3　利害関係者

関係者の影響力に左右されるプロジェクトの成功率　52
■思わぬ横やりが入らないように関係者を可視化する　52

■ 3つのコンフリクト（対立）を攻略せよ　55

期待され過ぎは禁物!?　58
■ 上がり過ぎた期待は下げることも必要　58

STEP 4　阻害要因

氷山の下を潜って、リスクを探れ！　65
■「何が見えていないのか？」と自問する　66
■ イシュー（課題）の解決に意識と行動を集中する　67
■ リスクを洗い出す4つの手順　68

完璧主義者になるな！　71

第2章　デザインフェーズ

成功へのアプローチを自由に描け　78

STEP 5　資源見積

見積りには、誠意ではなく根拠を見せよ！　82
■ 見積りでミスしないための4ポイント　83

バッファは隠すな、共有せよ！　87
■ 最短目標達成率とバッファ消化率をバランスさせる　89

STEP 6　体制構築

肩書ではなく、役割を定義する　96
■ ピラミッド組織 vs. マトリクス組織　97

チーム運営では、弱みは無視して強みを活かす　103
■ リーダーシップの本質は「犬ぞり」から学べる　103

STEP 7　作業設計

大きな仕事は小さく分ける　110
■リカバリーしやすくなる作業設計のルールとは　114

納期を左右する「最長経路」を特定する　115

STEP 8　規範設計

ルールは３つに絞れ　123
■ルールを見直すには？　124

ルールで会議を進化させる　127
■参加する会議の数は、最小限にする　127
■議事録は文字で書くな、グラフィックで表せ！　130

第3章　推進フェーズ

実行されない計画は「無い」に等しい　136

STEP 9　変更管理

“ノー”と言うときは、代替案を示せ　140
■変更要求に対する５つの手順　140

結論は一晩寝かせろ！　145

STEP 10　組織運営

嵐をくぐり抜けて、強いチームをつくれ　152
■混乱期にこそ、チームが進化する「ヒント」が隠されている　154

メンバーのパフォーマンスを的確に引き出すには　157
■権限を手放すと、楽になる　160

STEP 11　問題解決

MECE神話を疑え　166
フレームワークに踊らされるな　170

STEP 12　意思決定

リーダーに求められるのは、判断ではなく決断　176
意思決定プロセスは隠さない　179
■確証バイアスのワナに気をつけろ　182

12ステップのまとめ　186

カバーデザイン：遠藤陽一（DESIGN WORKSHOP JIN）
本文デザイン＆組版：朝日メディアインターナショナル（株）

序章

本書でプロジェクトマネジメントを学ぶべき理由

すべての業務はプロジェクト化する

業種、職種、規模にかかわらず、すべてのビジネスパーソンはお客様に喜んでいただくために「価値」を提供することが求められています。

しかし、私たちを取り巻く環境は急激に変化しています。先人たちが積み上げてきた会社の資産（ブランドや顧客との信頼関係など）、仕事のやり方がそのままでは通用しない時代に入っています。**「定常業務」と呼ばれるような、「常に」「定まっている」業務はほとんどありません。**私が現在取り組んでいる年間150件以上の企業研修を通して、すべての業務が「プロジェクト化」していることをひしひしと感じています。

プロジェクトを成功させる手法についてお話しする前に、「プロジェクトの定義」についてみなさんと共有したいと思います。

世間には多くの定義が存在しますが、Project Management Institute（PMI）というプロジェクトマネジメントに関する方法論をまとめている世界的機関では、次のように定義されています。

プロジェクトとは、「独自の製品、サービス、所産を創造するために実施される有期性の業務である」。よって、プロジェクト開始にあたっては以下の４点が定義されていなければいけない。

・達成すべき明確な目標
・達成するまでに許容された時間
・達成するために必要な人員
・達成するまでの手順

ここでのポイントは、**プロジェクトには「独自性」「有期性」がある**、ということです。すべてのプロジェクトは他のプロジェクトとは異なる**独自の目的や目標を持ち、またそれらを実現するために許容されているスケジュール（期間）も異なります**。同じ目標であっても3か月で実現しなければいけないのか、半年間の猶予があるのかによって、その実現アプローチ（手順）、必要な人員のスキル（技術）やリソース（資源）は異なってきます。

また、会社の経営方針や自社を取り巻く外部環境、競合他社との競争において、プロジェクトを実現しなければいけない完了日時（終了）が決まっている場合もあります。たとえば、和暦などの年号が変わるタイミングにおいては、すべてのシステムの日付や帳票印刷システムの切り替え日時はおのずと制約されてくるでしょう。

プロジェクトと定常業務（ルーティンワーク）では、性質や時間以外にもいくつかの点で違いがあります（下図参照）。

両者の違いで注意していただきたいのは、プロジェクトにおいて必要な人材は「流動的」に集められ、その実行手順についても「都度策定」されるということです。プロジェクトでは、現状と異なる

プロジェクトと定常業務の違い

プロジェクト		定常業務
独自性	性質	反復性
有期性	時間	継続性
変化に対応	目的	複雑さに対応
流動的	人材	固定的
都度策定	手順	既存
不確実性	リスク	確実性
柔軟性と機動性	姿勢	秩序と一貫性

新たな目標＝「変革を推進する」ケースが多く、その実現のためには新しい技術や考え方を適用する必要があります。

その際に、リーダーは自社や自部門の人員だけでは不足している知識や技術、経験を補うために**外部の専門家やコンサルタントと契約し、混成チームを組成することがあります**。異なる価値観や経験、知識を持つ初対面の人たちと協力し合い、限られた時間内で高い目標を達成することが求められるため、プロジェクトでは、固定的な人員で業務を行う定常業務以上に**「チームビルディング（組織運営力）」が必要とされます**。

そこでプロジェクトリーダーは、チームに集まったメンバーのスキルや経験を考慮しながら、最適な手順を策定していきます。その際に大切なことは、「誰が『自分たちの船』に乗っているのか」「自分たちはどこに向かうのか」「なぜ向かわなければいけないのか」「いつまでに到着しなければいけないのか」ということをリーダーが深く理解し、その道のりを自分の言葉でメンバーに伝えていくということです。

さらにもう1点、リーダーがプロジェクトを設計する際に考慮すべきは**「不確実性」**です。すべてのプロジェクトには必ず、以下のような不確実性が生じます。

・環境変化により、目標や範囲が変更されるかもしれない
・利害関係者の変更により、要件が変更されるかもしれない
・導入予定の新技術や新サービスが未成熟かもしれない
・業績の影響で、予算が途中で大幅に削られるかもしれない
・チームが想定通りのパフォーマンスを出せないかもしれない

いくら経験豊富なリーダーが綿密な計画を立てても、必ずこういった「想定外」が起こります。プロジェクトでは「今までやったことのない取り組み」をするわけですから、すべてのプロジェクトは「成功可能性ゼロ％」から始まります。プロジェクトデザインとは、

言い換えれば「想定外」を最少化し、成功の可能性をゼロから100％に近づけるための技術であると言ってもいいでしょう。

また、プロジェクトとよく混同される概念として、「プログラム」という言葉がありますが、PMIでは次のように定義されています。

プログラムとは個別の取り組み（プロジェクト）を束ねた企画全体を指す。通常、プログラムマネジメントはプロジェクト間の関連性、成果物やタスク間の依存関係、プロジェクト申請フローなどの業務プロセス設計、プログラム全体と会社の経営戦略との整合性など、プロジェクトマネジメントよりも広い視点で管理を行う。

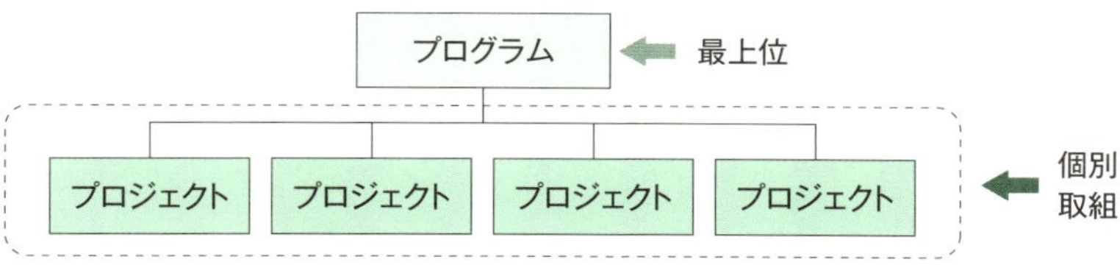

プログラムマネジメントにおいては、会社の経営戦略と直結した、より高いレベルのリーダーシップとマネジメントスキルが求められますが、個別のプロジェクトを成功に導けないのであれば本末転倒になってしまいます。本書では個別の取り組みであるプロジェクトを成功させるために、リーダーが押さえておくべきポイントに絞って、できる限りわかりやすい説明を心がけていきます。

■プロジェクトの成功を阻む４つのハードル

すでに説明した通り、すべてのプロジェクトには「不確実性」が存在します。どんなに経験豊富なリーダーが優秀なメンバーを集めて万全の計画を立てたとしても、100％の成功を約束してくれるわけではありません。プロジェクトの成功率については、次の2つの調査結果を参考に見てまいりましょう。

1つ目は日経BP社IT Proによる調査（2008年11月に実施）です。国内8800社を対象に、社内で実施されたプロジェクトをそれぞれQ（Quality:品質）／C（Cost：コスト）／D（Delivery：納期）の観点で評価を依頼／回答を集計したところ、平均成功率は31.1％、失敗したと回答した企業は68.9％にも上りました。

2つ目は日経BP社日経コンピュータによる調査（2014年10月16日に実施）です。こちらも同様に国内2000社を対象にQCDの観点でプロジェクトの成功率について調査したところ、プロジェクト期間が3か月未満の場合で成功率は81％、3～6か月未満の場合は78％、6か月～1年未満の場合は74％、1年以上の場合は67％であった、という結果が出ました。

上記2つの調査結果を比較すると、2008年から2014年にかけて成功率が約30％から70～80％近くまで大幅に上昇していることに驚かれるかもしれません。

上記調査を報じた記事によると、「これらの数字はあくまでも遵守率であり満足度ではない」「改善要因は現場におけるプロジェクトマネジメントスキルの向上が一因」とのことですが、私の感覚では若干の違和感を覚えます。実際に回答した企業の業種、プロジェクトの種別、規模、難易度などを確認できていませんが、部門内の少人数メンバーで実現できる「現場改善」ではなく、**複数部門にまたがるような痛みを伴う「組織改革／業務改革／風土改革／システム改革」系のプロジェクトでは、依然として成功率は30％を下回っているのではないかと考えます**。とくに最近では、クラウドサービスやアジャイル開発（ソフトウェア開発において早期にユーザーを巻き込み、従来よりも短期間で開発する手法）、AI、IoTといった新しい技術や概念が導入され、新規事業立ち上げなど未経験の領域でのプロジェクトが多く立ち上がっていますので、プロジェクトの成功率はさらに下回っているケースも多いと推測しています。

では、プロジェクトの失敗原因はどこに潜んでいるのでしょうか？　私が考える**「成功を阻むハードル」**を、前述のPMIが提唱しているプロジェクトフェーズごとに整理してみました（下図参照）。

プロジェクトの失敗原因はExecution（実行フェーズ）のみならず、前段階にも多く存在します。いくら経験豊富で優秀なメンバーを揃えても、Initiation（立ち上げフェーズ）段階でミッション・インポッシブル（不可能な使命）な目標を掲げているプロジェクトが成功することはありません。また、1日20時間以上の作業を前提としたプロジェクト計画が予定通りに実行されることもありません。

世界のPMP資格（PMIが主催するプロジェクトマネジメントの国際資格）保有者は80万人強、日本にも3万6千人以上いると言われています（2017年11月時点）。これだけ多くの専門家が各業界にいるはずなのに、プロジェクトが失敗し続けるのはなぜなのか。

そこにはVUCA時代の「プロジェクトの難易度」に加えて、

プロジェクトの成功を阻む４つのハードル

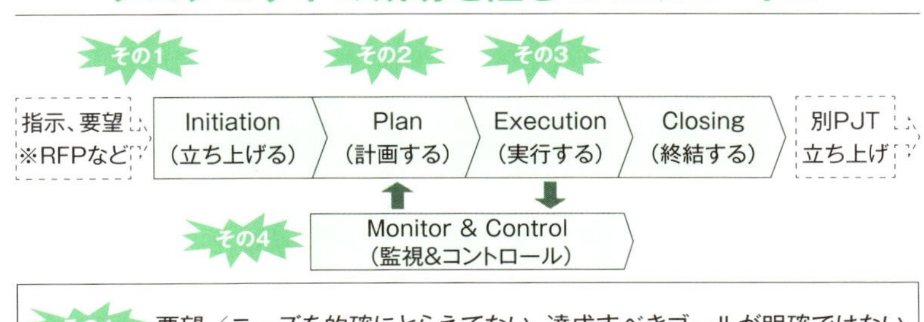

その1	要望／ニーズを的確にとらえてない、達成すべきゴールが明確ではない
その2	非現実的なプロジェクト計画、フェーズごとに責任者が分断、リスク対応不十分
その3	役割分担が不明確、メンバー／チーム間のコミュニケーション不全、スキル不足
その4	現場に丸投げ、当事者意識の希薄さ、変更管理／意思決定プロセス不全

※RFP…Requirement for proposal（発注主からの提案依頼事項）

「PMP資格や方法論への過度な期待」があるように感じています。PMIが提唱するガイドライン（PMBOK）はあくまでもプロジェクトを設計するうえでの最低限の作法であり、プロジェクト現場において発生する様々な問題の解決手法が説明されているわけではありません。また、最近では国境をまたがるグローバルプロジェクトや、アジャイル開発アプローチのプロジェクトなど従来のマネジメント手法がそのまま適用できないケースも増えています。

本書では、すでにPMBOKに関する知識を持っている読者のみならず、これから初めてプロジェクトに関わる方々にも理解しやすいように、できる限り平易な言葉を用いて、プロジェクトの成功をたぐり寄せるポイントについて説明していきます。

プロジェクトの成功をたぐり寄せるD3アプローチとは

私の周りの現役コンサルタントたちに最近のプロジェクト事情についてヒアリングすると、次のような声が多く聞かれます。

「プロジェクト期間が以前よりも短くなっている」
「多国籍チームによるグローバルプロジェクトが増えた」
「AIやIoTなど新しい技術を活用した新規事業創出案件が多い」
「お客様自身がプロジェクトマネジメント知識を持っている」
「プロフェッショナルに求められるスキルレベルが高まっている」

彼らの多くは10年から20年以上のプロジェクト経験を持つコンサルタントたちですが、それでも日夜、プロジェクト成功のための新しいアプローチを模索していると言います。

PMIは1969年にアメリカペンシルバニア州で設立されました。建設業界や製薬業界、ITサービス業界、製造業など、世界中の様々な業界で実践されたプロジェクトに関する経験知が結集され、『プロジェクトマネジメント知識体系（PMBOK）』という名称で出版された1987年以降も、定期的な改訂を繰り返し、そのノウハウは進化を続けています。

2017年9月には第6版が発表されましたが、第5版と比較すると、ページ数も100ページ以上増え（663ページ⇒776ページ）、アジャイル開発プロジェクトへの適応、マネージャーとリーダーの役割の違い、PMO（プロジェクト・マネジメント・オフィス）の役割、コミュニケーションマネジメント領域など新たな部分についても補強されています。

しかし、PMBOKを理解し、実践するだけでプロジェクトの成功が約束されるわけではありません。PMBOKの基本思想は、プロジェクトを成功させるための「精緻な計画」および「厳格な管理」に重きを置く「マネジメント志向」にある、と私は理解しています。もちろん、PMBOKで整理されている各フェーズにおけるリーダーの役割や、各プロセスで押さえるべきポイントは非常に有効な内容だと感じますし、私自身もプロジェクトを推進するうえで、何度も参考にしてきました。

しかし、VUCA時代のプロジェクトは以前よりも複雑度が増しています。**いくら綿密に調査、計画、管理をしても、予定通りにプロジェクトを進めることは難しいでしょう**。

そこで本書では、様々な業界や種別のプロジェクトに共通する「不確実性」「失敗要因」を最少化するために、プロジェクトを「計画」「管理」する従来型の「マネジメント志向」ではなく「デザイン」「推進」していく「リーダー志向」のガイドラインとして、「D3アプローチ」という手法を編み出しました。

「Define（定義）フェーズ」「Design（デザイン）フェーズ」「Drive（推進）フェーズ」からなる3つのフェーズに含まれる全12ステップ（作業群）はPMBOKに準拠していますが、本書を読み進めていただければ、リーダーに求められるマインドセット（意識、心構え）やスキルセット（技術、知識）、アクション（行動）における違いと有用性に気づかれることでしょう。

3つのフェーズと12のステップ

Leadership Behaviors（リーダーの行動原則）

1. Define（定義する）	2. Design（デザインする）	3. Drive（推進する）
ステップ1：最終目標	ステップ5：資源見積	ステップ 9：変更管理
ステップ2：対象範囲	ステップ6：体制構築	ステップ10：組織運営
ステップ3：利害関係者	ステップ7：作業設計	ステップ11：問題解決
ステップ4：阻害要因	ステップ8：規範設計	ステップ12：意思決定

D3アプローチとPMBOKの一番の違いは、**「いくら精緻な計画を立てて、厳密な管理（コントロール）をしても、プロジェクトでは問題は必ず起こる」**ととらえているところです。第3章「Drive（推進）フェーズ」のステップ11「問題解決」の中で、その対処方法について説明をしています。

また、プロジェクトで発生する問題の多くは限られた時間と情報の中で、複数の解決策の仮説を立て、情報収集と検証作業を繰り返しながら、最終決断を下していくことがリーダーには求められます。とくに、異なる経験やバックグラウンドを持つメンバーが集まるプロジェクトにおいて、周囲を巻き込めるような「意思決定」を行うことは容易ではありません。こちらについても、第3章のステップ12「意思決定」の中で取り扱っていきます。

12の各ステップごとに、現場で注意しておきたい「CASE」、リーダーがとくに知っておくべき「ポイント」、プロジェクトリーダーが発揮すべき「武器としてのリーダーシップ」について、事例（ほとんどが私自身の失敗事例です）を含めて紹介していきます。

私が長年の「トラブルリカバリー」経験を通じて培った手法を多くご紹介しているので、一般的な方法論と異なり、一見するとラディカル（過激）なアプローチに感じられる部分もあるかもしれませんが、読者のみなさんはこれらのアプローチをすべて鵜呑みにせずに、存分にクリティカルシンキング（建設的批判思考、複眼的思考）を発揮してほしいと願っています。

みなさんが置かれているそれぞれの状況に照らし合わせながら取捨選択をし、自由にカスタマイズして、使えるところからどんどんチャレンジしていただければと切に願っています。

なぜ、プロジェクトに「型」が必要なのか

ここまで読み進めていただいたみなさんの中には、「PMBOKもD3アプローチも結局は机上の空論でしょ？　そんな堅苦しいことよりも、もっと実践的なテクニックを教えてよ！」「プロジェクトは現場で起きてるんだよ。そんな型通りにいくはずないだろ！」というような疑問を持つ方もいらっしゃるかもしれません。

ここで、あるエピソードをご紹介します。プライベートな話で恐縮ですが、私には3人の子どもがおり、全員空手を習っています。あるとき、お世話になっている師範にこんな質問を投げかけてみました。

「空手には『型』（外敵からの攻防を想定した演武形式。1人で行う）と『組手』（実戦を想定した対戦形式）がありますが、なぜ、『型』が必要なのでしょうか？　相手を倒すためには、もっと『組手』を中心とした練習を重ねたほうが早く、強くなれるのではないですか？」

すると、師範は諭すような口調でこうおっしゃいました。

確かに、最近は「組手」を率先して教える道場も増えているようですが、私はそれが必ずしもよいとは思いません。「型」には3つの目的があります。それは、

・身体の使い方を知る
・呼吸の使い方を知る
・集中力を高める

ということです。自分の身体がどう動くのかを知らなければ、どんな技も使うことはできません。次の動作に入りやすくするためには、どのような姿勢を保つべきなのか、脚の動かし方、腕の動かし

方はどうすべきかなど、「自分」を知ることが鍛錬のスタートになります。

師範はさらに続けました。

空手道には、「空手に先手なし」「心に構えあり」といった教えがあります。突きや蹴りといった技術以上に心構え（マインドセット）が求められます。「型」は単なる演武ではありません。相手の動きを想像し、一つひとつの動作の意味を考えることが必要です。

また、「組手」は相手がいないと練習できませんが、「型」は１人でも繰り返し練習することができます。最近は空手以外の格闘技の相手との戦いも想定し、「組手」のパターンは時代とともに変化していますが、「型」だけは古来より伝承できるものとも言えます。

私は師範の説明を聞きながら、これらの教えはプロジェクトについても同じことが言えるのではと思い当たりました。

技術の進歩や環境の変化とともに、プロジェクトの内容や使用できるツールやテクニックは変化していきます。しかし、**不確実性の中で成功を導くプロジェクトの原則には不変のものがあるのではないでしょうか**。

たとえば、混とんとした状況においてゴールを設定する手法、初対面のメンバーと共にチームをつくりあげるコミュニケーション、ゴールを阻害するリスクのマネジメント、プロジェクトの利害関係者をどうやって説得していくのか、など多くの場面で活用できる、先人たちの知恵があります。

本書で解説する手法は、より実践的な「型」の提供を目指していきます。

では、さっそく、本編に入ってまいりましょう。

第  章

定義フェーズ

1. Define
（定義する）

ステップ1：最終目標
ステップ2：対象範囲
ステップ3：利害関係者
ステップ4：阻害要因

ゴールのないマラソンは走れない

「今からみんなでマラソンするぞ、しかしゴールは決めない」

こんなふうに言われたらみなさんはどうしますか？

よほど奇特な人でもない限り、断りますよね。私なら、一目散に逃げだします。しかも、「自分は車で後から追いかけるから、あなたたちは先に走っておいてくれ」なんて言われた日には、冗談かと疑ってしまいます。しかし、今なお多くのプロジェクトでこのような悲喜劇が繰り返されているのです。

リーダーはプロジェクトを始める前に、**「なぜ、自分たちはこのプロジェクトを行わなければいけないのか」という理由を自分自身で納得し、一緒に走る仲間に説明する必要があります。**プロジェクトを取り巻く環境や背景、前提条件、達成したい最終目標および目的、求められる成果物、実現できた場合の想定効果、予算や許容されているスケジュールなどの制約条件、プロジェクトリーダーは誰が行うのか、チームの体制図などを文書化していきます。これらは、PMBOKでは「プロジェクト憲章（Project Charter）」としてまとめられます。

組織のリソース（資源）を使ったプロジェクトは、個人が勝手に始めることはできません。「プロジェクト憲章」の内容について、プロジェクトオーナーから承認を得たのちに、正式にプロジェクトが発足されます。「プロジェクト憲章」をもとに、リーダーはチームメンバーに対して、プロジェクトの目的や意義、チームに求められている役割などを説明することができます。

また、口頭ではなく、文章で定義された「プロジェクト憲章」は正式な認可を得ることによって、プロジェクトで取り組むスコープ（対象範囲）変更や要求変更、稼働判定時の判断基準として活用することができるはずです。

「はずです」としたのは、多くの現場で「このプロジェクトの目的がわからない」「何を達成すれば自分たちは報われるのか？」「誰のためのプロジェクト？」「初めてチャレンジするのに、どうやって計画を立てればいいの？」「そもそもリーダー自身がこのプロジェクトをできると思っているの？」といった声が、怨念のように聞こえてくるからです。その時に、合意されたはずの「プロジェクト憲章」に立ち戻り、全員が本来の目的を思い出し、一致団結をするというサクセスストーリーは、残念ながらほとんどの場合、成立しません。

本章では、プロジェクトを成功に導くうえで、「ゴールのないマラソン」を走る羽目にならないためのポイントについて、「最終目標」「対象範囲」「利害関係者」「阻害要因」の4ステップについて、「定義」します。

プロジェクトは単に「立ち上げ」ればよいわけではありません。異なる経験やバックグラウンドを持つ関係者が共通認識を持ち、円滑なコミュニケーションを図るためには、**言葉の意味を「変わらないように定め（＝定）」「物事が道理にしたがう（＝義）」ように整備する**必要があります。チームが目標に最短ルートで向かうために、私たちは何をすべきで、何をすべきでないのかを「定義」して、最初の一歩を力強く踏み出しましょう。

STEP 1

最終目標

自戒の意味も込めて、プロジェクトの「最終目標」にまつわる、私自身の失敗事例をご紹介します。

コンサルタントになってまだ駆け出し、3年目の頃でした。ある精密機器製造企業の在庫購買業務改革プロジェクトにメンバーとして参加していた私は、「プロジェクト憲章」に定義されていた「システム導入による業務効率化と工数削減」を最終ゴールとして、お客様との打合せでもお題目のように繰り返し、説明していました。

すると、あるとき、ミーティングの場で、自分の父親と同じくらいの年齢のベテラン部門長から射るような厳しい眼差しを向けられ、こんな言葉を投げかけられました。

「あのさぁ、さっきから効率化だの工数削減だのと言ってるけど、アンタの言う通りにこのプロジェクトを進めると、俺の大事な部下たちが不要になるのでクビにしましょうって言ってるようにしか聞こえないんだけど、どうなのよ？　みんな、アンタが生まれる前からこの倉庫で毎日毎日、入出庫業務をやってんだよ。このプロジェクトをやって、誰が幸せになるんだよ？　我々がこのプロジェクトをやらなければいけない理由をアンタの言葉で教えてくれないか？」

部門長のおっしゃることはもっともでした。いくら耳当たりのいい言葉でも、それが**現実の業務やユーザーの立場でとらえたときにどのような意味を持つのか**、イメージしていなかった自分の力不足、想像力不足を恥じ入ったことを今でも鮮明に思い出します。

同様に、創業社長や圧倒的な経験と能力を持つ力強いリーダーのみなさんに気をつけていただきたいポイントがあります。それはチームビジョンを掲げる際に、「俺は○○を実現したい」「私が目指す組織の姿は……」など「私の夢（MY VISION）」を語ってしまうことはありませんか？　思い当たった方は要注意です。

いくら素晴らしいビジョンであっても、周囲の気持ちを無視して、自分を主語にした思いを熱く語っても、チームは空回りしてしまいます。**チームビジョンを語るときは、『私の（MY）』ではなく、『私たちの（OUR）』という言葉を使って定義する**よう心がけましょう。リーダーは本人のみならずメンバー全員がワクワクするようなビジョンを掲げることで、プロジェクトへ参加する動機づけを与えていきます。

リーダーは自分たちの「船」が進むべき方向（ビジョンやゴール）をメンバーにわかりやすく伝え、巻き込んでいく必要があります。いくら立派なお題目を唱えても、チームがそれに共感し、協力してくれなければ高いゴールを達成することはできません。

リーダーに求められるのはスキルや経験だけではありません。最近では一般的なビジネス用語としても聞かれるようになってきましたが、高い「マインドセット（「心構え」「意識」「考え方」「思考態度」）」も求められています。リーダーは自分たちの目指すゴールの先にどんな世界が広がっているのか、プロジェクトに関わるすべての人たちの感情、利害、立場といった、**目に見えないものを見ようと試みる洞察力と、他者に寄り添うような共感マインド**を持って臨みましょう。

急いでいる時ほど、じっくり考えろ！

プロジェクトチームを「一隻の船」だと仮定しましょう。

あなたは船長（プロジェクトリーダー）として、自分たちが目指す目的地を船員（メンバー）やスポンサー（プロジェクトオーナー）に指し示す必要があります。

なぜ、自分たちはその場所を目指すのか、そこには何があるのか、到達すると何が獲得できるのか、そこに到達するまでの道のりは見えているのか。目指すゴールが遠いときほど、航海は波乱に満ちたものになります。道中、船は嵐に襲われ、人喰いザメや海賊など想定外のトラブルに見舞われることもあるでしょう。そのときに船長はなぜ自分たちは厳しい逆境に立ち向かいながら、この航海を続けなければいけないのか、その「志」を船員たちに語りかける必要があります。

実際のプロジェクトでも、リーダーはチームが目指すビジョン、ゴール、目的、目標、標的、マイルストンを定義していきます。しかし、実際には最終目標である「ゴール」と「目的」が混同されているケースや、手段が目的化されていたり、ゴールを実現するために達成しなければいけない具体的な中間目標が定義されないまま、見切り発車をしてしまっているプロジェクトが多く見られます。

各要素の定義について説明しましょう。たとえば、みなさんが「エベレスト登頂」を**「ゴール（最終目標）」**として目指すとします。その際に、エベレストの頂上から見える景色／イメージ／理想像を**「ビジョン」**と言います。そしてエベレストを登りたい理由が**「目的」**です。

たいてい最終的に達成したい高い「ゴール」は、いくつかの中分類の要素に分割されます。たとえばエベレスト登頂を実現するためには、「経験豊富な登頂チームの結成」「登頂に必要な資金集め」「必要な装備や資材の準備」といった中分類の**「目標」**を達成する

「船」の行き先を決める
～ビジョン、ゴール、目的、目標、標的、マイルストンについて～

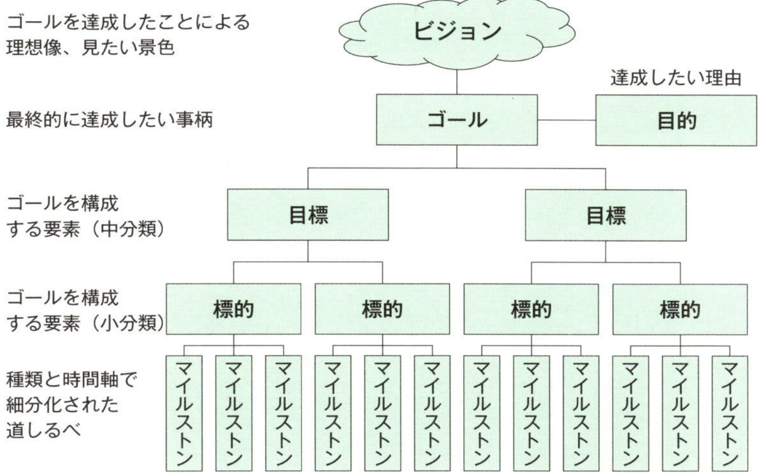

ことが必要になるでしょう。それらの「目標」をさらに分割したものが**「標的（ターゲット）」**です。それぞれの標的は時間軸を伴った計画に細分化されます。「標的」を実現するまでに必要な成果を時間ごとに区切って定義された中間ポイント／目印／道しるべを**「マイルストン」**と言います。

リーダーはビジョン、ゴール、目的、目標、標的、マイルストンを矛盾なく、密接に関連づけながら定義し、チームメンバーたちに説明する必要があります。

ここで参考として2人の優れたビジョンリーダーをご紹介します。

1人目は第35代アメリカ合衆国大統領**ジョン・F・ケネディ**。1960年当時、アメリカと旧ソ連は冷戦状態にありました。両国はその代理戦争として、どちらが先に宇宙に行けるか競争していました。結果、旧ソ連はガガーリンを乗せて、1961年に世界初の有人宇宙飛行を成功。旧ソ連の宇宙技術に脅威を感じたアメリカのケネディ大統領は、自信を失いかけていたアメリカ国民を勇気づけるために、新たなビジョンを立てました。それが「10年以内に月に着陸し、安全に地球に帰還する」というもの。そして、わずか8年後の1969年7月にアポロ11号を月面に着陸させたのです。

2人目は本田技研工業（ホンダ）創業者の本田宗一郎です。1953年、朝鮮戦争の休戦とともに戦争特需が終わり、日本経済は大不況に陥っていました。そんな中、本田宗一郎はイギリスのマン島で行われていた世界最高峰のオートバイレースに参加することを高らかに宣言しました。当時のホンダはスクーターしか製造しておらず、世間からは極めて無謀な挑戦と思われていました。さらに、その宣言から1か月後に、当時の主力製品であったカブF型の売れ行きが止まり、満を持して市場に投入したばかりの新製品（ジュノオ）では重大な品質問題が起きました。

悪いことは続きます。当時ホンダが扱っていた主力4機種すべてが同じ時期に重大な問題を起こしてしまい、会社の工場には返品されてきた在庫の山。資金繰りにも相当な危機を迎えている中、本田宗一郎は一度掲げたバイクレースへの参戦という夢を捨てずに、20～30代の若手社員に未来を託しながら、まい進しました。

そして、宣言から5年後の1959年（昭和34年）、ホンダはマン島T・Tレースについに初出場。さらに2年後の1961年（昭和36年）3回目の出場では、125 ccレースと250 ccレースの両レースにおいて、ホンダが1位から5位までを独占するという快挙を達成したのです。ホンダのバイクは「まるで時計のような精密さ。アイデアに満ち溢れた完璧なエンジン」と世界中から賞賛を受けました。

ここでのポイントは「優れたビジョンは、チームが逆境にあるときにメンバーが歯を食いしばって、あきらめずに前を向けるような力を与える」ということです。そのためにも、リーダーは外向きのキレイな言葉ではなく、**不格好でもよいので「自分の言葉」でビジョンを繰り返し、力強く伝えていく必要があります。**

■大きなゴールは細分化する

失敗するプロジェクトの特徴として、そもそも実現が不可能なゴール設定や、成功したのかどうか判別が難しいようなゴール設定がされているケースがあります。以前、私が参加したプロジェクトでもクライアントからこんな依頼をされたことがあります。

「今まで誰も見たことのないUI（ユーザーインターフェース）のWEBサイトをつくってほしい」

クライアントの期待は理解できますが、こんなゴール設定をコミット（約束）してしまっては、永遠に納品することができません。今、思い出しても恐ろしいですね。プロジェクトを成功させるためには、リーダーは「SMART GOAL」を心がけましょう。

たとえば「高い山に登る」という曖昧なゴールと「エベレストに登る」「富士山に登る」場合では、それぞれ必要な装備やチーム編成、資源（リソース）が大きく変わります（Specific）。

また、チームがゴールを達成できたかどうか客観的に見ても判断できるようなゴールを定義する必要があります（Measurable）。

そして、具体的で測定可能であっても、不可能なゴールでは意味がありません。たとえば子どもが「お父さん、ぼく、クラスで一番

目標は“SMART GOAL”に設定する

S：Specific（具体的な）

M：Measurable（測定可能な）

A：Achievable（達成可能な）

R：Result oriented（結果志向な）

T：Time bound（時間内にできる）

※SMART GOALについてはプロジェクトのみならず、最近では一般的なビジネス用語として紹介されることも多く、それぞれの定義においてもAttractive（魅力的な）、Agreed（同意された）、Relevance（関連性のある）、Realistic（現実的な）、Tangible（実在する）など諸説ありますが、ここではプロジェクトに適した定義を採用しています。

背が大きくなりたい。3メートルになりたいよ！」と言っても無理なものは無理です。実際のプロジェクトにおいても、「市場シェア100％達成！」「売上を1年で5倍にする！」など、威勢のいい目標を設定しているケースが見られますが、努力次第で本当に実現できるものなのかを関係者で十分に議論していただきたいと思います(Achievable)。

プロジェクトのゴールはプロセス（過程）やガッツ（根性）ではなく、結果として何が得られるのかによって評価されます（Result oriented)。その成果を得るために、プロジェクトオーナーはヒト・モノ・カネといった限りある経営資源の投入を承諾するわけです。

また、プロジェクトは「有期性」の取り組みです。実現までの時間軸を意識したゴール設定になっていることを留意する必要があります（Time bound)。

■マイルストンを設定する

最後にゴール、目標、標的にたどり着くための中間ポイントである「マイルストン（道しるべ)」を設定する際のポイントについて確認しましょう。プロジェクトリーダーはマイルストンの設定およびレビューする際には、以下の4点について注意してください。

- **ゴール（最終目標）を達成するために通らなくてはならない条件もしくは状態が具体的に定義されていること**
  （正しい例：○月○日要件確定、△月△日設計完了など）
- **状況の変化に左右されないこと（外的環境で変化されない）**
  （悪い例：為替が1ドル＝120円になった場合）
- **「どのように」達成するかではなく「何」を達成するかが述べてあること**
  （正しい例：教育対象者一覧完成、テスト検収書受領など）
- **時間軸に沿って平均的に分散していること**

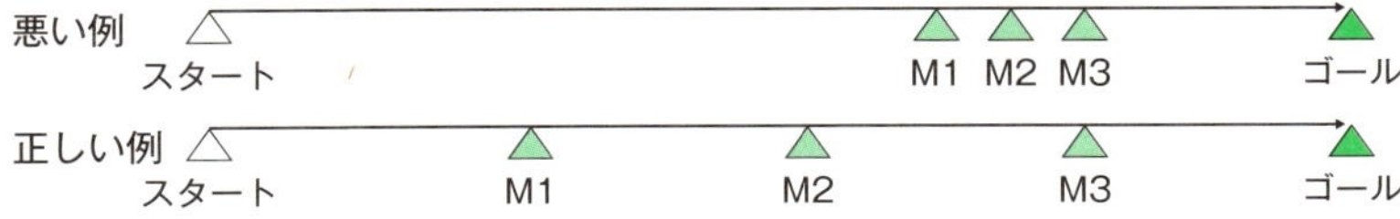

マイルストンで忘れられがちなのは、**「最終目標に向けた軌道修正を行う」**ということです。道しるべを設定するだけでは不十分。上記の4つのポイントを押さえることで、実現可能性の高いプロジェクト計画に変わります。

実際のプロジェクトにおける「最終目標」のケース

ビジョン	グローバルでタイムリーな供給体制を構築し、お客様に満足を提供する					
ゴール	XX年X月X日に新しいサプライチェーンの仕組みをトラブルなく稼働する					
目的	材料および完成品の在庫削減を実現し、キャッシュフローを改善する					
目標	ERPシステムの導入		週次製販プロセスの導入		新コード（20桁）の導入	
標的	基幹システム置き換え	需要予測システム導入	週次製販計画業務	SCM部門発足	新コード体系整備	移行ツール開発
マイルストン	×月×日 プロトタイプ	×月×日 機能評価	×月×日 業務設計	×月×日 組織設計	×月×日 現状調査	×月×日 データ準備
	×月×日 結合テスト	×月×日 結合テスト	×月×日 運用テスト	×月×日 候補者選定	×月×日 体系定義	×月×日 変換表
	×月×日 運用テスト	×月×日 教育実施	×月×日 業務移行	×月×日 運用テスト	×月×日 コード変換	×月×日 単体テスト

成功するプロジェクトは終わりから逆算する

プロジェクトの「最終目標」をさらにパワフルに活用する手法として、**「逆算思考」**という考え方について紹介します。

書籍や物品のオンライン販売のみならず、Kindle（電子書籍リーダー）、AWS（クラウドサービス）、Amazon Prime（動画配信）、Market Place（プラットフォームサービス）、Whole Foods Market（生鮮食品スーパーマーケット）といった実店舗の運営に至るまで私たちの生活に深く入り込んでいるアマゾン・ドット・コム社の最高技術責任者（CTO）であるワーナー・ハンズ・ピーター・ヴォゲルス氏が2006年11月1日に自身のブログで、アマゾン社内で行っているプロジェクトアプローチを投稿し、一般公開しました（引用元：https://www.allthingsdistributed.com/2006/11/working_backwards.html）。こちらで述べられている要点を、以下にまとめました。

- アマゾン社では、新サービスに着手するときに「逆算思考」を用いている。その代表的な取組みとして製品ありきのプロダクトアウトの発想ではなく、「顧客の視点」をスタート地点にするため、開発前に"プレスリリース"を作成している。
- そのプレスリリース内容は、サービスの特徴とユーザーにとってどのような便益が得られるのかに焦点が当たっている。プロジェクトキックオフ時に全員でそれを読み、サービスの意義、価値、利用シーン、Q&A、ユーザーマニュアルまで想定する。
- プレス記事を通じて、リーダーのみならずプロジェクトメンバー全員で実現したいビジョンとゴールを共有し、チームのパフォーマンスを引き出している。

アマゾン社では、プロジェクトメンバーが上記のプレスリリースを読んだときに、自分たちがワクワクしない、価値を感じられない場合は開発を見送ります。また、完成度が高く、納得感も高いリリースはプロジェクトを進める際の意思決定のガイドラインにもなりうると言われています。このアプローチは、最近ではアマゾン社のほか、マイクロソフト社など多くの企業で採用されているそうです。

ここでのポイントは自分たちの目指すべきビジョンやゴールを美辞麗句ではなく、具体的な利用シーンやユーザーマニュアルに至るまで、期待されるユーザーの行動変容や享受できるメリットは何なのか、なぜこのプロジェクトを立ち上げなければいけないのかを**鮮明にイメージできるレベルまで落とし込んでいる**ということです(アマゾン社では「カスタマールール」と呼んでいます)。それによって、チームは自分たちがやるべきことを明確に理解し、実行することに集中できます。

同様のアプローチを個人レベルの目標達成に活用している事例をご紹介しましょう。2012年8月ロンドン五輪にボクシング種目で出場した村田諒太選手の奥様は、本番が近づいてもなかなか自信の持てないご主人に対して、激励する意味で、「未来完了形」の目標達成の張り紙を作成して、自宅の冷蔵庫に張っていたそうです。

そこには**「オリンピックで金メダルをとりました。ありがとうございました(家が買えました)」**と書いてありました。村田選手はその張り紙の通りに金メダルを獲得しました。その後、2017年10月22日に行われたWBA世界戦においても、同様に「チャンピオンになりました」の張り紙を奥様が作成され、やはり世界チャンピオンになることができました。

これらは「未来日記」という手法で知られていますが、考え方は先ほどの「逆算思考」と同様に、自分たちの目指すビジョンやゴールを鮮明に定義し、心の底から信じることを後押ししてくれることです。

プロジェクトは「不確実性」の高い試みです。**リスクのないプロジェクトはありません**。もっと過激に言うなら、リスクがないならプロジェクトとしてチャレンジする必要もない、ということです。序章で述べたように、極端に言ってしまえば、すべてのプロジェクトの成功率はゼロ％から始まります。それを10％、30％、50％、80％と上げていくために、リーダーは「成功するプロジェクト」をデザインしていく必要があります。

その際に、リーダー自身が「自分たちは絶対にこのゴールを達成できる！」という強い希望を持って取り組まなければ、多くのメンバーや利害関係者（ステークホルダー）を引きつけることはできないでしょう。

最終目標のポイント

リーダーはプロジェクトのゴール（最終目標）を「自分の言葉」で「SMART」に語ろう。ゴールを達成するとどんなビジョン（理想像）が見えるのか、メンバーがワクワクするような夢を描こう。

武器としてのリーダーシップ

自分たちの目指す高いビジョンやゴールに向けてチームを動かすためにリーダーに求められる資質や能力は何でしょうか？　それは、**「リーダーが心の底から、プロジェクトの成功を信じ切れているか」に尽きる**と私は考えています。

今まで多くのプロジェクトに参加し、また時にはアドバイザーとしてプロジェクト提案書やプロジェクト憲章をレビューしてきましたが、私は以下のような質問を繰り返してきました。

「そもそもこの業務における生産性はどのように計測されるのですか？　現在の生産性はどの程度で、今回のプロジェクトが成功するとどの程度まで改善されると期待していますか？　なぜ、それがこの期間で実現できると考えていらっしゃるのですか？」

「付加価値業務とは、何を指していますか？　そもそも、非付加価値業務が今まで、これだけ多く存在していたのはなぜだとお考えですか？」

「何を実現すれば顧客価値は最大化すると思いますか？　顧客価値が最大化すると、御社はその先に、さらにどのような変容を迫られると考えますか？　そこで働く社員たちに求められる役割や能力は大きく変わりますよね？　本当にそれが目指す姿だとお考えですか？」

そして、最後に必ず付け加えるのは、決まってこの質問でした。

「このプロジェクトが成功すると、本当に信じているのですね？」

私からの不躾な質問に、お客様からあからさまに不愉快そうな顔をされることもあります。しかし、これらはプロジェクトの立ち上げフェーズにおいて避けては通れない大切な問いだと考えます。なぜなら、**リーダー自身が信じていないゴールを赤の他人が信じられるはずがない**からです。目指す山頂までの道が険しいときほど、リーダーがその目標達成を心から信じていなければ、メンバーは安心してついていくことはできません。

リーダーが自分たちの進むべき道のりに、少しでも疑問や迷いがあるのであれば、何が足りていないのか、逃げずにじっくり向き合っていきましょう。

「無謀」と「勇敢」は違います。リーダーの役割とは、船を目的地まで率いること。見切り発車のまま、出船しても得する人は誰もいません。焦らず、しかしあきらめず、航海プランを練っていきましょう。船が航海に向けて出発してからでは、港に引き返すのは容易ではないのですから。

STEP 2

対象範囲

今回も私の失敗経験からお話ししましょう（何だか失敗ばかりしているようにも感じますが）。

以前、ある食品メーカーへの基幹システム導入プロジェクトにサプリーダーとして参画したときのことです。

プロジェクトオーナーとプロジェクトチームの関係は良好で、過去のプロジェクトで一緒にチームを組んだ気心の知れた経験豊富なメンバーが揃っていました。プロジェクトスコープ（対象範囲）としては本社、工場、物流までを巻き込む大規模なものでしたが、達成すべきゴールや対象範囲も明確だったため、関係者内での認識のズレはありませんでした。プロジェクトの難易度も決して低くはありませんでしたが、このメンバーであれば予定通りのスケジュールと予算でやりきれるだろうと思っていました。

しかし、予定通りにいかないのがプロジェクト。あるとき、お客様との打合せの最中に、なぜか話がかみ合わないのです。お客様が議論したがっていた業務スコープはプロジェクトの立ち上げ時に「対象外」として合意していたはずの領域でした。業務の特性上、今回のプロジェクトで導入を予定しているソフトウェアでは実装が難しく、フィージビリティスタディ（機能適合性評価）の結果、見送りとして決断したはずでしたが、なぜか設計フェーズ以降のシステム化対象範囲として扱われていたのです。

驚いた私は、お客様になぜこのような事態になっているのかを確認したところ、次のような言葉が返ってきました。

「えっ？　御社のコンサルタントの○○さんが、あなたが参加していない会議で『できます』って言ったんだよ。ほら、議事録もちゃんと残っているし。現場はすでにやる前提で議論が進んでいるし、上層部にも報告を終えているのだから、やってもらわないと困るよ」

チームーメンバー一同、青ざめたことは言うまでもありません。いくら「プロジェクト憲章」で対象外として記述され、リーダーレベルで合意をとっていても、現場を含めて全員の認識が共通になっていなければこのような混乱を招くことは必至です。

この経験以降、私が関わるプロジェクトは、**「何を対象としないのか（スコープ・アウト）」を必ず明文化する**ようにしています。優秀で信用できるメンバーだからといって、リーダーは信頼し過ぎてはいけません。「対象範囲」はプロジェクトを崩壊させるノックアウトファクター（ボクシングになぞらえ、たった一発で相手を倒してしまうような重大な要因）となりますので、十分過ぎるほどに確認をしてください。スコープの拡大や変更はプロジェクトリーダーがプロジェクトオーナーにお伺いを立て、承認されたときにのみ成立する、ということをミーティングなどで繰り返し説明するべきです。

ちなみに、そのプロジェクトの結果はどうなったか、と気になる読者の方もいらっしゃるでしょう。担当したコンサルタントは私にこっぴどく叱られながらも、チームの助けを借りながら、3日間徹夜で何とか業務設計およびシステム実装の目処をつけることができました。そのメンバーは今でも飲みにいくたびに、このエピソードを酒の肴として繰り返され、バツが悪そうに頭を掻いています。

「やらないこと」を宣言せよ！

プロジェクトを立ち上げるときは、誰しも夢に満ち溢れています。こんなことをやりたい、あんなこともできたらいいな、と夜を徹して、熱く夢を語り合います。しかし現実は冷酷です。限られた時間内にすべてを実現することは、どんなスーパーマンでも不可能です。**「何でもやる」というのは「何もやらない」のと同じ**こと。成果を出すには、自分たちが取り組む対象をできる限り絞り込み、人・金・時間という限られた資源を集中投下する必要があります。

プロジェクトオーナーやクライアントからの依頼事項は、PMBOKでは「プロジェクト作業範囲記述書（SOW: Statement Of Work)」としてまとめられます。リーダーは、このSOWを基にして、プロジェクト内で取り組むべき具体的な対象範囲について、「スコープ定義書」を作成します。プロジェクトでチームが取り組むべき「組織」「業務」「システム」「商品」「サービス」「対象ユーザー」「地域」「端末（デバイス)」「使用言語」「ドメイン」などを区分ごとに整理することで、関係者の認識のズレを防ぎます。

しかし、それでもなお冒頭の「CASE」のように、多くのプロジェクトで「こんなはずじゃなかった」「あの部分もやることになっていると思っていた」「何度も説明したはずですが……」といったかみ合わない議論が繰り返されています。一体、なぜなのか？

それは、**「人間は、自分のわかることしか理解できない」**からです。何やら、禅問答のように聞こえるかもしれませんが、プロジェクトにおいて、これは真実です。会話や書面で、たとえ同じ言葉を使っていても、相手も同じ意味で理解しているとは限りません。とくに新しい技術やサービスを導入する場合は、前提となるその分野に関する事前知識や理解度がメンバーによってバラつきがあります。

たとえば、「今回のプロジェクトでは弊社の動画配信システムをFlashからHLS（AES-128）およびMPEG-DASHに移行することを目標とし、業務領域としてIETF（Internet標準化団体）および

W3C（Web標準化団体）の規格を採用し、MPEG-DASHおよびHTML5の利用を技術仕様書として新たにまとめる」と書かれたスコープ定義書を見ても、動画配信技術に詳しくないメンバーにとっては、自分が何をすべきなのかまったく見当もつかないでしょう。

このような理解のズレを防ぐためにはどうしたらよいでしょうか。それは、「何を対象とするか（スコープ・イン）」だけではなく、**「何を対象としないのか（スコープ・アウト）」をシンプルな言葉で明確に定義する**、ということです。

以前、私が関わったプロジェクトでこんなことがありました。ある新聞社にて動画配信システムを導入する際に、お客様から「携帯電話で動画を閲覧できるようにしてほしい」という依頼を受けました。私たちは「スコープ定義書」を作成し、お客様にもプロジェクト開始前に確認をしていただき、その承諾を得ました。

しかし、プロジェクトが進むにつれて、双方の認識のギャップが明らかになってきたのです。私たちは携帯電話を「国内で流通している全機種のガラケー（通称"ガラパゴス携帯電話"）」と理解していましたが、プロジェクトオーナーであるお客様の経営陣は「全機種のガラケー」に加えて、「iOSのスマートフォン」「Android OSのスマートフォン」、さらには当時発売されたばかりの「iPad端末」までを対象と考えていました。つまり、**両者が認識している対象範囲にはとてつもない溝があった**のでした。

すべてを実現するためには、プロジェクトで当初見積られていた以上の資源（期間、予算、人員、外部の技術パートナーまで）を追加する必要があることが判明し、議論が大紛糾しました。

こんなケースもありました。グローバルにビジネスを展開されている製造業のお客様から基幹システム導入を依頼されたのですが、スコープ定義書には「システムでの使用言語：英語、日本語、中国語」と記載されていました。しかし、いざ始めてみると、「中国語（北京語）」「中国語（広東語）」の両方に対応する必要があることが判明したのです。

北京語と広東語では、「簡体字」「繁体字」といった異なるフォントを準備する必要があります。また、システムのみならず、障害管理や進捗確認シートなどのプロジェクト推進ツール、資料を印刷するプリンターのドライバーから、通訳の手配に至るまで、多岐にわたり莫大な追加対応をする羽目になった思い出がよみがえります。

「何をやらないか」を明確に定義するためには、全体像が見えている必要があります。「プロジェクトの最初の段階で全体像を見通すことなんてできない！」という方もいらっしゃるかもしれません。その場合は「対象範囲（スコープ・イン）以外のすべての領域は対象外とする」といった記述でも結構です。ただし、最新技術に関するポイントなどお客様との理解のズレが発生しそうな区分や、プロジェクトスケジュールやリスクに大きな影響を与えうるものについてはできる限り詳述したほうが後々のトラブルを最小限に食い止めることができますので、ぜひ「スコープ・アウト」を定義するようチャレンジしてください。

スコープ（対象範囲）を定義する

	スコープ（対象）内	スコープ（対象）外
組織	○○株式会社本社 営業本部 ○○事業所	□□社協力工場（XX、XX、XXX） 海外販社、海外工場
業務	財務会計／管理会計 販売管理／出荷管理 購買管理／在庫管理 情報システム保守運用	研究開発 生産管理／品質管理 人事管理（採用、人事評価含む） ナレッジ管理（特許等資産含む）
システム	○○社基幹システム △△社販売管理システム 本社ー販社間EDI	□□社生産管理システム ○○社人事管理システム
商品／サービス	商品グループ：○○、△△ サービス名：○○、△△	商品グループ：左記以外の全商品 サービス名：左記以外の全サービス
ユーザー	首都圏（東京、神奈川、千葉、埼玉）に住む、年齢：20－40歳までの独身男性	左記以外のユーザー
デバイス	PC、スマホ（iPhone/iPad/Android）	ガラケー国内全機種
言語	日本語、英語、中国語（北京語）	左記以外のすべての言語 （※中国語（広東語）も対象外）

成果の三要素を定義する

プロジェクト成功の基準は、PMBOKでは「プロジェクト憲章」に記述されている「最終目標」を達成することだと言い換えることができます。しかし、いくら目標を達成しても、プロジェクトオーナーから「もっと成果が出ると思っていた」「想像していたよりも会社利益へのインパクトが小さいな」「現場は何も変わっていない」などの手厳しい評価を受けることがあります。これでは、プロジェクトに関わった人たちの苦労が水の泡になってしまいます。

このようなトラブルを避けるために、リーダーはプロジェクトで取り組む対象範囲において、**達成すべき「成果」を定義する**必要があります。自分たちのプロジェクトは何をもって成功したと評価されるのか、以下の3つの要素で定義することで、**クライアントとの認識のズレを防ぎ、チームが目指すべきベクトルを合わせます。**

- **成果の形状**
- **受け入れ基準**
- **受け入れプロセス**

プロジェクトの成果物が製品や商品といった物理的なものか、サービス提供なのか、作業実績や売上といった数字で示されるのか、**「形状」**を定義します。そして、それぞれの形状に対して、プロジェクトオーナーが期待している**「受け入れ基準」**を確認します。たとえば製品であれば、色、大きさ、重さ、機能、デザイン、機能などを規定します。サービスであれば期待されるサービスレベル（時期、提供機能、パフォーマンス、不具合率など）を定義します。

最後に必ず確認すべきは、みなさんの成果を「誰が、いつ、どうやって受け入れるのか」を定義する、ということです。プロジェクトの最終成果のみならず、要件定義や設計開発などフェーズごとに確認すべき中間成果についても、**「受け入れプロセス」を定義し、**

プロジェクトスケジュールやマイルストンに必ず組み込みましょう。

「成果物スコープ」を作成するためには、ステップ1で説明した「SMART GOAL」が定義されていることが前提になります。たとえば、プロジェクトオーナーの要求事項が「お腹が空いた。何か食べたい」といったあいまいな状態では、どんな料理を提供しても満足してもらえるかわかりません。

もし、要求事項がもう少し詳細に「カレーが食べたい」というレベルまで特定できていても、「日本風のドロッとしたカレーライス」もあれば「欧州風のサラサラとしたカレーライス」もあります。もしかしたら、「ココナッツミルクが入ったグリーンカレー」を期待しているのかもしれません。さらには子どもに食べさせるための「辛さ控えめのマイルドカレー」を探している可能性もあります。

「成果物スコープ」を定義する際には、プロジェクトの最終目標が「SMART GOAL」になっているか、ビジョンとゴールと目的が明確に関連づけられているかをリーダーは確認しましょう。「なぜ、相手がそのゴールを目指しているのか」「その成果が達成できなければ、相手はどのような問題を抱えてしまうのか」といったように、**「背景」「真の狙い」に深く踏み込んでください。**

もし、想像できないときには、直接相手にヒアリングすることも有効です（真摯に質問されて怒る人はいないはずです）。みなさんが深く踏み込むほどに、プロジェクトに期待されている成果の輪郭がくっきりと浮かび上がってくるはずです。

対象範囲のポイント

リーダーは「何をやるか」だけではなく、「何をやらないか」を定義しよう。プロジェクトの成果の三要素（形状、基準、プロセス）を定義し、マイルストンに組み込む。

武器としてのリーダーシップ

プロジェクトを円滑に運営するためには、リーダーは異なるバックグラウンドを持つメンバーたちに対して、認識のズレが起きないようなコミュニケーションを行う必要があります。

たとえば、こんな経験はないでしょうか？

みなさんがプロジェクト計画書について一生懸命に説明しているのに、首をかしげていたり、目をつむっていたり、リアクションがないメンバーがいると不安になりますよね。「質問や不明点はありませんか？」と水を向けても、誰も手を挙げてくれない。だからといって、ちゃんと理解していることを確かめる術もない。**お互いの認識のズレを放置したままでは、やがて、大きなトラブルとして表面化してくることは間違いありません。**

対人コミュニケーションの考え方の１つに、**「ストローク」**という言葉があります。コミュニケーションとは「ストローク(Stroke)」の交換を意味します。「ストローク」は交流分析という学問の言葉ですが、日本語では「意思のふれ合い」を意味します。意思ということは言葉による「意見」だけではなく、非言語的な「思い」「気持ち」も「ストローク」に含まれます。

２人以上の人間が存在するときにストロークが発生しますが、肯定的な「ポジティブストローク」もあれば、否定的な意見や対立を表す「ネガティブストローク」もあります。

しかし、プロジェクトにおいて、**リーダーにもっとも注意していただきたいのは「ノーストローク」**です。すなわち、自分の意思を相手にぶつけない、相手の意思を受け止めようとしていない状態を指します。プロジェクトでは多種多様なメンバーが集まっています。リーダーがいくら言葉を尽くして伝えても、そのまま相手に伝わっているとは限りません。メンバーは初対面のリーダーに対して、表立って異議を唱えたり、否定的な態度を取ることはありません。とくに業務委託先など契約関係にある場合はなおさらです。

「プロジェクト憲章」に定義されているプロジェクトの「最終目標」や「対象範囲」に関して、理解や納得をしていなくても、彼らは黙って自分の意見を押し殺していることが多くあります。とくに、業務委託契約や会社間の力関係がはっきりしているときほど、メンバーは表立って本音を言わないもの。

プロジェクトでは「ノーストローク」は禁物です。相手の反応が薄いときほど、認識のズレがないかリーダーは疑ってください。平穏に見えるプロジェクトほど、大きな地雷が埋まっています。リーダーは少々、ウザがられることを覚悟で、チーム内の「ストローク」を活発化させるよう働きかけましょう。

STEP 3

利害関係者

利害関係者とは何か、また、それをマネジメントする必要性を知っていただくために、今回も私の失敗経験をお話ししましょう。

プロジェクトにおいて、私たちは「影響力のある賛成派」を「自分たちの味方」と考えて、優先して巻き込んでいく傾向があります。たとえば、プロジェクトの発起人であるプロジェクトオーナー（＝発注主企業の社長など）は最大級のパワー（影響力）を持つ賛成派である場合がほとんどです。

私自身、過去のプロジェクトで、プロジェクト推進の「アクセル」として経営陣とのコミュニケーションを優先してしまい、相対的に影響力の低い現場の反対派との関係構築を後回しにしてしまったことがありました。すると、何が起きるでしょうか？

あるプロジェクトでの出来事です。製造業のお客様にて、生産方式を変革するプロジェクトだったのですが、私たちプロジェクトチームは強い影響力を持つ社長、製造担当役員、生産管理部長、工場長に入念な根回しを行い、プロジェクトへの支援を取り付けていました。念のため、影響を受けうるグループ会社へのあいさつ回りも済ませ、あとはプロジェクトのキックオフを待つばかりでした。

しかし、思わぬところから想定外の横やりが入ったのです。

それは、業務範囲としては今回のプロジェクトとはまったく関係のないはずの人事部長からの強硬な反対意見でした。あわてた私たちは、急きょ、人事部長との打合せを設定しましたが、何度話をしても、意見は平行線。その後、調べてみると、その人事部長はかつて生産管理部長を務めていたことがあり、今回の変革アイデアは彼が過去に構築した仕組みを刷新するものだったことが判明しました。

パワーも低く、自身の業務への影響度も低いはずの反対派には、反対するだけの理由が必ず存在します。プロジェクトに関する情報不足、認識のズレ、感情的な要因から起きている場合もありますが、プロジェクトチームが彼らに対して何のフォローもしなければ、**反対派の多くは自分たちよりも強いパワーを持った上位の中立派に対してアプローチし、全力でプロジェクト阻止を目論みます**。「このプロジェクトを進めたら、最終的にお客様に対して不利益を与えてしまう」「プロジェクトの推進は、自分たちの職場を失うことを意味する」など、反対派は積極的に中立派に進言します。気づけば、プロジェクトが本格的に始まる頃には、賛成派のプロジェクトオーナー以外は全員反対派になってしまったといった苦い思い出もあります。

私と同じ轍を踏まないためにも、**ぜひプロジェクトにおける「力のない反対派」の声に耳を傾けてください**。なぜなら、プロジェクトは「力のある推進派」のためだけのものではないのですから。

関係者の影響力に左右されるプロジェクトの成功率

「CASE」で見ていただいたように、プロジェクトの難易度を上げる要因は、高過ぎる目標や新しい技術の導入、厳しい予算やスケジュールだけではありません。**「利害関係者（ステークホルダー）」の存在と関係性も、結果を左右します。**私の経験上、これがもっとも影響度が大きく、解決が難しいと言っても過言ではありません。

序章でも述べましたが、プロジェクトでは「今までと異なる」新たな姿をゴールとして目指します。通常の状態に変化を促すのがプロジェクトの性質ですから、プロジェクトが始まると多くの関係者の業務やシステム、仕事に対する考え方や姿勢も一新されます。時には社内のみならず、取引先や消費者など社外の人々の業務や制度にも変更のお願いを余儀なくされることがあります。

私たち人間には、生存本能の1つとして内部環境を維持し続けようとする**「恒常性（ホメオスタシス）」**と呼ばれる性質があります。組織にも同じような性質、慣性が働くのです。環境の変化は自分たちの生存を脅かす可能性があるため、私たちはそれに無意識に反発します。しかし、外部環境の変化に適応していくためには、この無意識の反発という本能に挑戦していくことがプロジェクトでは求められます。

■思わぬ横やりが入らないように関係者を可視化する

プロジェクトにおいて、**利害関係者はプロジェクト推進の「アクセル」にも「ブレーキ」にもなります。**リーダーは「アクセル」と「ブレーキ」の場所や使い方を知らずして、車（チーム）を運転することはできません。

ここでプロジェクトを滞りなく進めるために役立つ、利害関係者を可視化するフレームワーク（**「利害関係者マップ」**）を紹介しま

ステークホルダー（利害関係者）マップ

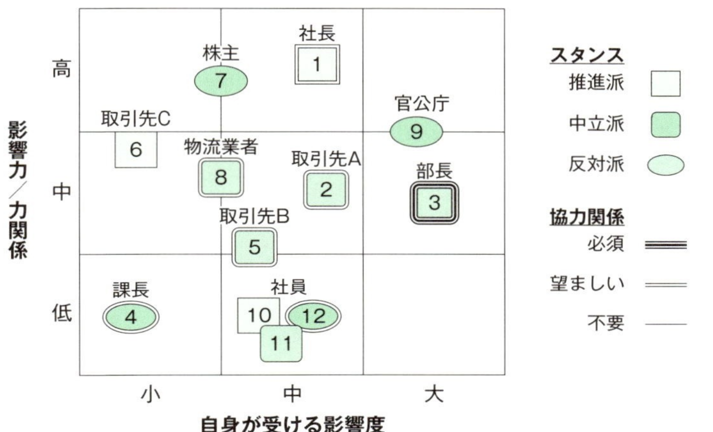

す。

フレームワークの見方を説明します。あるプロジェクトが発足したときに影響を受けうる利害関係者をマッピング（配置）しています。縦軸にプロジェクトに対してその利害関係者が行使できる権限や影響力、横軸にプロジェクトによってその利害関係者自身が被る影響を表しています。図形の形は、プロジェクトに対する利害関係者のその時点のスタンス（立ち位置）を指しています。とくにプロジェクト発足時には賛成派もいれば、明らかな反対派もいます。また、プロジェクトに対してポジションを決め切れていない中立派や静観派もいるでしょう。

プロジェクトチームはそれぞれの利害関係者に対して、どのような関係を構築していくのかの姿勢を、線の太さ（三重線は必須、二重線は望ましい、単線は積極的な関係構築は不要など）で表しています。

みなさんのプロジェクトにおいて、「利害関係者マップ」を作成する際には次の3点について、注意してください。

1.利害関係者は社外にもいることを認識する

社内の業務改革プロジェクトであっても、消費者や取引先など社外の関係者にも多くの影響を与える場合があります。また、コンプライアンス（法令遵守）や各業界の標準ルールなどにも配慮し、株主や関係省庁といった外部関係者とのコミュニケーションについても、誰がどのタイミングでコンタクトをしていくのかデザインしていきましょう。

2.力関係と肩書を混同しない

プロジェクトに対する影響力は必ずしも、組織における肩書きとは合致しません。たとえば長年続いてきた業務や制度を変革する場合、新任の部長よりもベテランの主任や現場メンバーがより強い発言力を持ち、プロジェクトに対して強硬に反対するケースも多く見られます。

3.利害関係者マップは印刷しない

このフレームワークは長い間、コンサルティング業界の秘中の道具とされてきました。私たちがクライアント企業の改革プロジェクトに招集される際には必ず社内で作成し、それぞれの関係者のポジショニングや、どのコンサルタントがクライアントの誰をカウンターパートとしてロックオンするのか、どのような情報をどのタイミングで誰と共有するのか、など綿密にコミュニケーションプランをデザインする際に活用します。

しかし、このフレームワークも最近では多くのビジネス書で紹介され、社内プロジェクトで活用されるケースも増えていると聞いています。もし、みなさんが作成する場合は、「利害関係者マップ」はホワイトボードなどを使って整理して、メンバー間で確認および共有した後はキレイさっぱり消去してください。

多くの場合、「利害関係者マップ」にはインフォーマルな情報が含まれています。このマップが印刷され、さらに記載されている内容が当事者たちに漏れた場合には大きなトラブルにつながります。

場合によっては修復不可能な禍根を残すことになりますので、取り扱いには十分過ぎるほど注意しましょう。

■ 3つのコンフリクト（対立）を攻略せよ

「利害関係者マップ」を活用して、プロジェクトの利害関係者を特定した後、リーダーは反対派に対してもう一歩突っ込んだ分析を行う必要があります。なぜならば、**「反対派にも反対するだけの理由や論理がある」から**です。「なぜ、彼らは反対しているのか」、「対立（コンフリクト）は何に起因しているのか」ということに向き合うことで、プロジェクトの肝心なときに、「どうして現状をわざわざ変えなければいけないのか？」という反対姿勢を防ぐことが可能になります。

ここでは次の3つの「対立」について、それぞれの対策を整理してみましょう。

はじめに、プロジェクトの初期フェーズでは、「認知のコンフリクト」が必ずといっていいほど、多く発生します。なぜなら、異なるバックグラウンドを持つ人々が集まるプロジェクトの場合、同じ言葉を使っていても、それぞれの思考や経験、時には文化的な違いから、異なる意味でとらえてしまうことがあるためです。

注意すべき３つのコンフリクト（対立）

認知のコンフリクト	思考、経験、認識、理解、情報、文化、習慣などの違いから発生する対立	（例） 頭を横に振る動作 日本人：「いいえ」の意味 インド人：「そう、そう」の意味
利害のコンフリクト	立場、役割、目的、条件などの違いから発生する対立	（例） A部長：「コスト最優先だろ！」 B部長：「品質最優先だろ！」 C部長：「デザイン最優先だろ！」
感情のコンフリクト	過去の経験や、他の対立が長引いたことによる影響、わだかまりなどから発生する対立	（例） 妻：「何で、毎晩遅いの？」 夫：「同じことばかり言うな！」 妻：「どうせ、浮気してんでしょ！」

第1章 定義フェーズ
最終目標 対象範囲 利害関係者 阻害要因

以前、私が参画したプロジェクトでもこんなケースがありました。製造業のお客様A社では「部材の購買費」をベンダーからの「仕入原価」のみでとらえていましたが、合弁予定のB社では「仕入原価＋工場までの搬入費」を購買費用としてとらえていました。この場合もどちらが正解で他方が間違っているわけではなく、考え方や歴史の違いに過ぎません。しかし、このまま業務を統合すれば大問題につながります。

最近ではグローバルプロジェクトも増えていますので、多国籍から成るプロジェクトメンバーの文化や習慣の違いから、認識や理解のギャップが発生することも大いにありえます。「認知のコンフリクト」については、**お互いの考え方や人格を尊重したうえで、フェーストゥーフェース（面前）の密接な対話を重ねることで解消することが可能**です。

2つ目の「利害のコンフリクト」から、解決への難易度は一気に跳ね上がります。プロジェクトは「現状と異なる姿」を目指すものですから、**「不均衡を意図的に発生する取り組み」**とも言い換えられます。関係者はそれぞれの立場や便益を維持または高めようと、自然発生的にパワーゲームが始まります。とくに自分のチームに対する忠誠心が強く、責任感のあるリーダーほど、他チームよりも有利な立場になるように「マウントポジション（柔道などの格闘技で上の選手が下の選手を抑え込んでいる状態）」を取りにいきます。「利害のコンフリクト」を解消するためには、「認知のコンフリクト」以上に緊密なコミュニケーションと、**より高い視野と長期的な視点からビジョンや最終ゴールを話し合うこと**が必要になります。協力しながら双方が納得できる合意点を見出し、対立を乗り越えていくことをチームは目指していきます。

「認知のコンフリクト」や「利害のコンフリクト」の解消に手間取ってしまったり、成り行きに任せてしまうと、最終的には3つ目の「感情のコンフリクト」に発展してしまいます。これは「議論は尽くした、お互いの言い分は理解した、頭ではわかっている、しかし、気持ちがついていかない」というケース。挙句の果てには、本来の目的を見失い、「あの部長をギャフンと言わせたい」「自分がこの職場にいる限りは絶対に反対し続けてやる」といった感情論に走ってしまうと、プロジェクトは一気に暗礁に乗り上げてしまいます。感情のもつれは限られたプロジェクト期間中では解決できないケースもあります。その場合は、**上位の影響力を持つプロジェクトオーナーやステアリングコミッティー（責任者による全体運営会議、意思決定会議）による討議と正式決定を下すよう依頼する**ことも1つの選択肢になるでしょう。

リーダーであるみなさんは、プロジェクト内の**潜在的な対立をできるだけ早いタイミングで認知し、コンフリクトの種類を整理してください**。コンフリクトの解消には時間がかかります。プロジェクトの後半フェーズになって、コンフリクトが顕在化すると、ノックアウトファクター（たった一発で成功を水の泡にしてしまう重大な要因）になりますので、リーダーは**コンフリクトを恐れずに、定義フェーズでの洗い出しを心がけましょう**。

期待され過ぎは禁物!?

ここでプロジェクトの成功率を左右する、クライアントに対する**「期待値管理」**（エクスペクテーション・マネジメント）について紹介します。

たとえば、みなさんが友人から「あの映画、面白かったから絶対に観に行ったほうがいいよ」「最近、会社の近くにオープンした店、すごく美味しかった」という話を聞いたとします。当然、みなさんは大きな期待をします。相手が自分の信用している人であればあるほどに、過大な期待を抱きます。しかし、もし実際に映画を観に行き、お店に食べに行ったときに、その期待を裏切られたら、みなさんはどう感じるでしょう？「あいつの言うことはアテにならない」「もう絶対に信用しない！」と思うのではないでしょうか？

こういった現象は「逆」のケースもあります。「中途入社で入ってきたAさん、あんまりパッとしないらしいね」「今度の新商品は売れ行きが全然ダメみたいだよ」などネガティブな評判を事前に聞いていたとしても、実際に本人に会ってみると、予想以上に仕事ができる人であったり、売れていないはずの新商品は実際にはある地域では爆発的に売れているという事実がわかると、私たちの印象や認識はあっという間にポジティブなものに変わります。

■上がり過ぎた期待は下げることも必要

このような「期待値の変化」は、プロジェクトでも同様に起こります。「期待値管理」の考え方は一言でいえば、**「上がり過ぎた期待は下げ、下がり過ぎた失望は上げていく」**ということです。多くのプロジェクトで、最終ゴールやビジョンが過大に評価され、期待されています。時には、お互いの認識のズレから、プロジェクトで予定しているスコープ（対象範囲）以外の変革もしてくれるだろうと誤解されている場合もあります。

「このプロジェクトは我が社を抜本的に変える契機となるはずだ」「プロジェクトが成功した暁には、利益が数倍になるそうだね」。プロジェクトオーナーである社長から、そんな言葉をかけられたときに、私たちはどのように対応すべきでしょうか？　もし、私であれば、にっこり笑いながら、「社長、ご期待はうれしいのですが、すぐに大きな成果が上がるわけではありません。まずは、○○までに△△程度の効果が見込めるよう進めていきましょう」と具体的かつ現実的な目標値を説明します。**上がり過ぎた期待は早いタイミングで修正しておかないと取り返しがつかなくなります**。そのためにも前述した、「SMART GOAL」が必要になってきます。

同じように、プロジェクトに対する周囲からの不信感や絶望感についても、私たちは修正をしていく必要があります。「現場からだいぶ反発が起きているらしいな」「開発スケジュールが間に合わないと報告が上がっているが大丈夫なのか？」「当初期待していた効果が出ないらしいが、どうなっているんだ？」。こういった声に対して、リーダーが何の対策も打たずに無言を貫いていては、プロジ

期待値管理（エクスペクテーション・マネジメント）

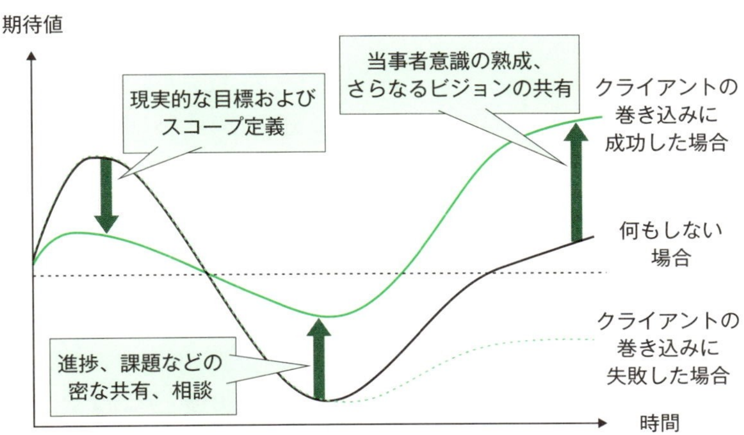

ェクトとあなた自身に対する人々の信頼や愛情は冷えていく一方です。**チームが抱えている課題や状況は早めに共有し、遅れているスケジュールに関する「原因」「対策」「再発防止策」を簡潔に説明する**。リーダーがそうすることによって、失われつつある信頼感を繋ぎ留めることがリーダーには求められます。

「期待値管理」はプロジェクト期間中だけではなく、**最後のクロージングまで継続するよう心がけてください**。そのためには、関係者の「当事者意識」を高める動機づけを並行して行わなければ、本来目指していた最終的な成果は達成できないでしょう。

利害関係者のポイント

利害関係者はプロジェクトの「アクセル」と「ブレーキ」になる。リーダーはできる限り早いタイミングで、プロジェクト内に潜む「コンフリクト（対立）」を洗い出す。上がり過ぎた期待は下げ、下がり過ぎた失望は上げるように、期待値を管理する。

武器としてのリーダーシップ

このステップでみなさんにとくに注意していただきたいのは、「すべてのプロジェクトには必ずコンフリクト（対立）が存在する」ということです。

リーダーが取るべきコミュニケーションは、チームのパフォーマンスを引き出す「チームビルディング」や「動機づけ」だけではありません。プロジェクトで顕在化または潜在化している**コンフリクトを意識的にあぶり出し、解消するためのコミュニケーションをデザインしていくことが求められます**。ここで、コンフリクトを解消するための手法として、1975年に心理学者のケネス・W・トーマスとラルフ・H・キルマンによって開発された**「二重関心モデル」**を紹介します。

プロジェクトにおいて、みなさんに絶対に避けていただきたいのは「このプロジェクトにコンフリクトは存在しない」と思い込む**「回避」**の選択です。変化が起こるときには必ず、コンフリクトが起こります。コンフリクトは必ずしも、悪い面ばかりではありません。私たちはコンフリクトを解消するために、積極的に対話を行います。ときには、「ネガティブストローク」（48ページ参照）も交えながら、喧々諤々と本音を通じて、双方の考え方や違いを理解し、ときには協力し合いながら、新たな解決策を見出していきます。**波風を共に乗り越えた関係は、通常の関係よりも強固なものになっていきます**。プロジェクトの成功に向けて、コンフリクトから「逃げず」「恐れず」「あきらめず」に向き合っていきましょう。

利害関係者間で対立が発生しているときに、自分（もしくは自部門）への配慮を優先させて、相手（もしくは他部門）への配慮を無視する場合は「強制」的な選択をすることになります。とくに業務委託元など相対的に自分が相手よりも権限が強い場合は、相手に有無を言わせないという選択肢を無意識にとってしまうこともあるでしょう。逆に、大口の取引先や自社の社長など相手が自分よりも圧倒的な影響力を持っている場合には、「服従」といった選択肢をとらざるを得ないこともあります。また、双方の意向をかなえるために、中途半端な「妥協」という選択肢に落ち着く場合もあるかもしれません。

しかし、「強制」「服従」「妥協」といった解消案は、時間の経過とともに「感情のコンフリクト」として根深く残ります。リーダーは、双方の意向をかなえるための対話を通じて、問題解決型の「協調」案を見出せるような建設的議論を進めていきましょう。

【二重関心モデル】

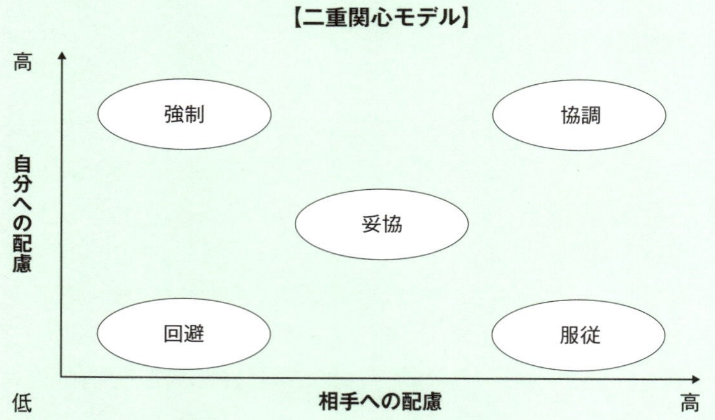

協調：双方の意向をかなえるために対話と行動をする（問題解決型交渉）
妥協：双方の意向をかなえるために譲歩し、合意する
強制：相手に自分の意向を一方的に押し付ける
服従：相手の意向を察し、自分の意向を全面的に抑える
回避：対立自体を避ける、またはあたかも存在していないと考える

STEP 4

阻害要因

CASE

プロジェクトの「火種」となるリスク（阻害要因）は、思わぬところに潜んでいます。

私が初めて、海外でプロジェクトマネージャーに任命されたときのことです。プロジェクトは日本企業のクライアントから「アメリカ市場における製品の在庫削減のための施策を３か月で提言せよ」という依頼でした。プロジェクト発足当初、日本人は私が１人、あとはアメリカの現地コンサルタント４名というチーム構成でした。10年以上、外資系企業で働いていたとはいえ、それまでずっと国内のプロジェクトに参加していた私にとっても、チャンレンジ要素の多いプロジェクトでした。

集まった現地のコンサルタントたちは全員私よりも経験豊富な百戦錬磨。初めて顔を合わせたにもかかわらず、阿吽の呼吸で、あっという間にクライアントの期待値をコントロールし、ゴール設定、リスクの洗い出し、タスクの整理をしていきました。私たちは最初の１週間で関係各所とのヒアリングを実施して、次フェーズの作業計画を策定しました。プロジェクトオーナーへの説明を済ませ、無事に承認をいただき、あとは計画に沿って、調査や分析作業といった具体的なコンサルティング業務にとりかかるだけでした。

そのときでした。お客様の同席しない社内ミーティングで、チームの中でもっとも頭がキレる在庫削減のスペシャリストが口を開きました。

「ぼくらの提案がクライアントに承認されたのはよかった。これでぼくも心置きなく、会社を辞めることができるよ」

どうやら彼はプロジェクト参加前に他社からヘッドハンティングを受けていたようでした。その条件も、数十万ドルの給料以外に、彼が責任者となって物流業務のコストカットを実現した際に、その削減効果の数%をボーナスでもらえるというもの（おそらく、数億円はいくだろうという試算でした）。

プロジェクトが軌道に乗り始めた矢先に、プロジェクトを去るとはどういうことか、私にはまったく理解ができませんでした。しかし、周囲の現地コンサルタントたちは、口々に「おめでとう！」「それは素晴らしいチャレンジだね」という言葉を彼にかけていました。彼らにとっては、自身のキャリアアップ、スキルアップの機会を得ることはビジネスマンにとってもっとも重要であると考えているようです。

当初は、なんて責任感のないコンサルタントなんだろうと憤っていましたが、彼の人生を左右する権限は私にはありません。結局は、代わりのコンサルタントを東海岸から呼び寄せ、プロジェクトは何とか納品することができました。

この経験は、プロジェクトを成功させるには、「スケジュール変更」「予算削減」と同じように、**「信頼しているメンバーの離脱」など、考えが及びもしないことについても十分に備えなければいけない**という教訓を私に残してくれました。

メンバーの転職、退職以外に病気、介護、妊娠・出産によるチーム離脱はどのプロジェクトでも起こりえます。リーダーは「そのとき」になってパニックにならないように、常に代替手段や代替メンバーについてあらかじめ想定し、余裕を持って対応できるように備えておきましょう（実際には激しく顔が引き攣っているかもしれませんが）。

氷山の下を潜って、リスクを探れ！

プロジェクトには、多くの「想定外」が待ち受けています。プロジェクト計画とは、成果物を作成するための作業スケジュールや体制図を定義するだけではなく、これらの**「想定外」を最小化するための「意図」を組み込むことである**と言い換えてもいいでしょう。

ほとんどのプロジェクトで混同されて使われている言葉について整理していきます。それは「リスク」「問題」「課題」の3つです。

- **リスク…潜在的な阻害要因**
- **問題……顕在的な阻害要因**
- **課題……取り組むべき問題の原因**

それぞれの違いを理解することで、**プロジェクトリーダーは管理すべき対象の優先順位を明確にできます**。1つずつ見ていきましょう。

「リスク」とは、プロジェクトチームがゴールを達成するうえで障害となりうる「可能性」を指します。「可能性」ということは「まだ起きてはいないけど、起きたら困る」ということ。

プロジェクトの規模や種別にかかわらず、高い頻度で起こりうる代表的なリスクとして以下のようなものが挙げられます。

- プロジェクトゴールの理解のズレ
- プロジェクトスコープ（対象範囲）の拡大または変更
- プロジェクト予算の削減
- スケジュールの変更
- 協業パートナーのスキル不足
- 導入予定の新技術の未成熟
- プロジェクトオーナーの変更
- ステークホルダー（利害関係者）の抵抗
- 外部環境の変化

・地震など天災によるプロジェクト計画への影響

これらの「起きたら困る」リスクをあらかじめ想定し、対応策を検討していくのが、リーダーの大事な役割の1つです。**リスクの量はチームが目指す「あるべき姿」と「現在」のギャップに比例します**ので、チームが目指すプロジェクトのゴールが高いときほど多くのリスクが存在します。言い換えれば、「リスクの存在しないプロジェクトはない」ということです。

プロジェクトの進行とともに、「可能性」に過ぎなかったリスクはやがて、現実のものとなっていきます。たとえば、プログラム開発を依頼していたシステム会社が倒産した、プロジェクトオーナーの人事異動によりプロジェクト方針が大きく変わった、業績悪化によりプロジェクト予算が大幅に削られた、決定したはずの業務要件について変更要求が入った、など例を挙げればきりがありません。このように障害の「可能性」が「現実」となったとき、私たちはそれを**「問題」**と呼びます。
「リスク」と「問題」の大きな違いとして、「解決までに許容される時間軸の違い」が挙げられます。目の前で起きている火事はすぐに消さなければいけないように、起きてしまった「問題」はすぐ解決することが求められます。

■「何が見えていないのか？」と自問する

「リスク」と「問題」の関係は、しばしば氷山で説明されます。

海面より上の部分、すなわち顕在化している阻害要因を**「問題」**と呼び、海面より下の部分、すなわち潜在的な阻害要因を**「リスク」**と呼びます。当然、「リスク」はまだ起きていないわけですから、外から観察するだけでは水面下をうかがい知ることはできません。目の前で起きていることをじっくり見つめることを**「観察」**と言います。それに対して、まだ見えていないものを見ようとするこ

目標が高いときほど、多くのリスク（可能性）が存在する

"Deep Dive!（深く、深く、もっと深く考える）"

とを**「洞察」**と言います。

氷山は通常、海面上部よりも海面下部のほうが大きく発達しています。「家の中でネズミを1匹みかけたら、10匹いると思え」と同じです（ちょっと違いますかね）。

難しいのは、すでに表面化している「問題」と違って、「リスク」はまだ発生していないので、表面だけをいくら観察していても見つけられない、ということです。

「リスク」を洞察するためには、プロジェクトの冷たい海の中を想像し、深く潜っていく必要があります。コンサルティング業界では、これを**「ディープ・ダイビング」**と呼んでいます。プロジェクト以外にも、新規事業や将来の事業戦略立案時などに、お客様や社内外の有識者を集めて、普段の職場ではなく人里離れた研修所などに籠って「ディープ・ダイブ・セッション」と呼ばれる合宿型の検討会を開くことがあります。

■イシュー（課題）の解決に意識と行動を集中する

「問題」の中には**自分たちで解決すべきものと、できないものがあ**

ります。たとえば、売上不振に陥っている企業があるとしましょう。その場合、「売上不振」を「問題」とすると、「顧客環境の変化、為替変動、IT技術の進歩、競合企業の存在など」は確かに原因の1つにはなりえますが、自分たちの努力で解決できるものではありません。これらは「制約条件」または「前提条件」として、避けることができない、もしくは受け入れざるを得ない要因とも言えます。

このケースでは、チームが取り組むべき「課題」は「自社の商品力の魅力が減少していないか」「営業チームのスキルが低下していないか」「営業カバー範囲の戦略が間違っていないか」ということになります。よって、「問題」はそのままにするのではなく、要素分解をすることで、取り組むべき「課題」を特定し、その解決にリソースを集中させることが求められます。

リスクを洗い出す4つの手順

「リスク」を特定する前に、必ず確認していただきたいことが、ステップ1で触れた「ゴールがSMART GOALになっているか」ということです。繰り返しになりますが、「リスク」とは「目指すべきあるべき姿（ゴール）」と「現在」のギャップを意味します。たとえば、同じ「高い山に登る」にしても、その目指すべき山が「エベレスト（世界最高峰、8848メートル）」なのか「K2（世界第2位の高い山、8611メートル）」、または「デナリ（北アメリカ大陸最高峰、6190メートル）」、はてさて「ヴィンソン・マシフ（南極大陸最高峰、4892メートル）」なのかによって、想定されるリスクはすべて異なります。よって「リスク」を洞察するために、リーダーは自分たちの目指すゴールがSMART GOALになっていることをまず確認してください。

では、実際にどうやって、リスクを管理していけばいいのか。ここで、「リスク管理プロセス」をご紹介します。リーダーは、次の4つのステップにしたがって、リスクを管理していきます。こちら

リスク管理プロセス

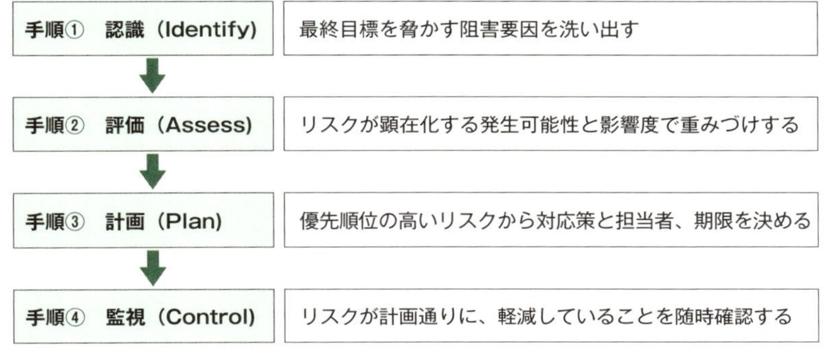

のプロセスはPMBOKにも準拠しています。

最初のステップは**「認識（Identify）」**です。最終目標がSMART GOALになっていることを確認したら、それを阻害する要因をすべて洗い出します。ここではリスクの大小や発生頻度、優先順位などは気にせず、とにかく数を出すことに集中してください。この作業はリーダー1人ではなく、プロジェクトメンバーも交えて行うほうが効率的です。必要に応じて、プロジェクト外の有識者にも参加を呼びかけ、**できる限り多くのリスクを認識できるよう心がけてください。**

その際に、注意していただきたいのは、**「リスクを否定しない」**ということです。リスクが多いことを嫌うリーダーがいますが、**早いフェーズでリスクを多く洗い出すことはプロジェクト成功の秘訣**です。「リスクが多く洗い出せる」ということは、それだけ深くプロジェクトの全体像やこれから待ち受けている想定外が見えているということですから、本来は喜ばしいことのはず。

ちなみに、私がプロジェクトをリードする際は、立ち上げフェーズで最低でも100～300個くらいのリスクをチーム全員で洗い出すことを目標としています。メンバーから「大きなリスクはありません」という報告を聞いたときこそ、「氷山の下を探れ！」と容赦ない突っ込みを入れてあげてください。

次のステップは**「評価（Assess）」**です。洗い出されたリスクに対して、プロジェクトとしての重みづけを行います。評価するための軸として、「発生可能性」×「影響度」の2軸で整理するのが一般的ですが、それ以外に「コントロール可能か否か」「リスク種別」などを追加して評価する場合もあります。いずれの場合も大事なことは、「リスクを横並びにせず、必ず優先順位をつける」ということです。

3つ目のステップは**「計画（Plan）」**です。リーダーは優先順位の高いリスクから対応策を決め、担当者、着手予定日、解決目標日を設定します。この際に気をつけていただきたいのは、できる限りリスク担当者を複数名アサインするのではなく、**「リスクオーナー（リスクの解決責任者、会議などでリスクの対応状況を報告する責任を持つ人）」は誰なのかを明確に定義してください。**

リスクは認識して、対応策を計画するだけでは不十分です。リーダーは、プロジェクトを阻害する要因をなくしていくことが使命ですから、予定通りにリスクが軽減していることを、最後のステップで**「監視（Control）」**してください。もし、リスクの解決着手が遅れていたり、解決目標日に間に合いそうもなければ、リスクオーナーとコミュニケーションを図り、プロジェクトとして早めのアクションを打つことが求められます。

リスクマネジメントにおいては、「見ざる、言わざる、聞かざる」は3大悪行です。定義フェーズでできる限りのリスクを洗い出し、マネジメントすることができればプロジェクトの成功率は飛躍的に上がりますので、リーダーは集中力を発揮して、この4ステップを徹底していきましょう。

完璧主義者になるな！

真面目で責任感のあるリーダーほど、すべてのリスクを撲滅しようと躍起になりますが、残念ながらそれは不可能です。

理由は至ってシンプルで、「プロジェクトのリソース（人、金、時間）は限られているから」です。次章「デザインフェーズ」で述べますが、プロジェクトの要員計画を策定する際には、「限られたスケジュール内でプロジェクトゴールを達成し、成果物を作成する」ために必要なスキルと人数を算出します。残念ながら、そこにリスク対応を行う工数をあらかじめ見込んでいるプロジェクトはほとんどありません。よって、先ほどご説明した「リスクマネジメントプロセス」の第2ステップ**「評価（Assess）」で、対応すべきリスクの優先順位をしっかりとつけることが重要**になります。

ここでリスクの重みづけに役立つフレームワーク「リスク評価マトリクス」を紹介します。

リスク評価マトリクス

影響度＼発生可能性	低	中	高
高	（例）取引先のコード変更	（例）大規模な組織変更	（例）原価計算方式変更
中	（例）新商品開発時期変更	（例）対象範囲拡大	（例）必要機器到着遅れ
低	（例）導入ソフトバージョン変更	（例）ユーザー部門メンバー変更	（例）プロジェクト名称変更

横軸にリスクが問題として顕在化する「発生可能性」、縦軸にリスクが問題となった際にプロジェクトの成功に与える「影響度」の2軸で、リスクを評価しマッピング（配置）します。この2軸は定量的に評価するのが難しいため、一般的にはプロジェクト内のリーダー会議などで相対評価を行い、合意していきます。

右上の領域（発生可能性も高く、影響度も高い）に配置されたリスクからチームは対応策を検討し、リソースを集中して投下します。右上から左下に向かって、優先順位は下がります。一番左下の領域（発生可能性も低く、影響度も低い）に配置されたリスクはリソース配分の優先順位も最下位となります。

ここで、リスクの対応策として代表的な4つの選択肢について整理しましょう。こちらもPMBOKに準拠します。

1つ目は**「回避する（Avoided）」**です。たとえば、ある機能を実現するために複数のソフトウェアの候補があるとき、私たちはそれぞれの特長、性能、価格、補償内容、トラブル時のサポート体制などを評価します。その結果、もっともリスクが低そうな選択肢を選びますが、これはまさに取らなくてもいいリスクを「Avoided（回避）」した、ということになります。

リスクの対応オプション

回避（Avoided）	複数の選択肢があれば、リスクの低い選択を行う
経過観察（Controlled）	発生可能性を随時確認し、監視することによって脅威を管理する
受容（Assumed）	あらかじめ計画に織り込み、現実のものとなった場合は、策定した対応策を実施する
転嫁（Transferred）	契約瑕疵や専門家へのアウトソーシング等によって、責任を他者に分担する

2つ目の選択肢は**「経過観察（Controlled）」**です。先ほども説明したように、プロジェクトの限られたリソースをすべてのリスクに配分することはできません。優先順位の低いリスク（発生可能性も低く、影響度も低い）については、あえて対策を打たずに経過を見守る、という選択もあります。ただし、これはリスクを無視する、ということではありませんので注意してください。

次の選択肢は**「受容（Assumed）」**です。たとえば、同じソフトウェアを導入した他のプロジェクトで発生した影響度の高いリスクは今回も発生する可能性があります。その場合、あらかじめリスクが問題として顕在化することを見込んで、プロジェクト計画に「織り込む、受容する」ことを指します。

最後の選択肢は**「転嫁（Transferred）」**です。新しい技術を導入する場合など、自社にその経験がない場合、協業パートナー企業との契約内で自社の責任の瑕疵を限定したり、また業務を丸ごとアウトソースすることでリスクを含め先方に引き受けていただくように調整することも選択肢として考えられます。

大切なことは、**リーダーは「リスクを放置しない」**ということ。放置しておいて、自然消滅するリスクはほとんどありません。プロジェクトを脅かすリスクを認知したら、必ず優先順位をつけて、それぞれの対応策を事前に整理し、チームの総力を結集して解決することを関係者間で合意をとりましょう。

阻害要因のポイント

リーダーは、起きてしまった「問題管理」よりも、起きる前の「リスク管理」を優先する。「発生可能性」と「影響度」で優先順位を決め、メリハリのついたリスク解決に注力しよう。

武器としてのリーダーシップ

どんなに優秀で経験豊富なリーダーでもスーパーマンではありません。限られたリソースでリスクをゼロにすることは不可能ですし、すべてのリスクに対して、リーダー自ら、創造性あふれる解決策を提示することもできません。

それでも、リスクはある日突然、問題として顕在化し、容赦なくプロジェクトの成功を脅かします。その時に、リーダーは短時間で最適な決断をすることをプロジェクトオーナーやメンバーから求められます。しかし、そんなことが本当にできるでしょうか？　答えは否です（即答です）。

では、どうするかというと、「あらかじめ備えておく」に尽きます。これは、言い換えれば**「事前シミュレーションを重ねておく」**こと。とくに、プロジェクトが順調なときほど前もって、「プロジェクト崩壊のシナリオ」を考えておくことを、みなさんにお勧めします。

ここで白状しておくと、私は非常に性格の悪いプロジェクトリーダーです。プロジェクト期間中は気が張っているせいか、毎朝4時前には目が覚めます。以前、海外に２年間近く半常駐状態でプロジェクトリーダーを担当したことがあります。その頃はホテル住まいの単身赴任でしたので、とくに早朝はやることがありません。そこで、毎朝やっていたのは**「何が起きたらこのプロジェクトは最悪な状態に陥るか」**を１人問答していました。

たとえば、「信頼している販売管理チームリーダーのＡさんがいきなり辞表を出したらどうしよう」「お客様に準備をお願いしているテスト用の請求データが間に合わなければどうしよう」「データ移行作業が失敗して、新システムがうまく動かない場合の業務対応はどうしよう」「システム性能が上がらずに６時間で終了すべきバッチ処理が時間内に終わらない場合はどうしよう」など、あらゆる視点からプロジェクトへの影響度が特別大きいリスクについてシミュレーションをしていました。

その際に、前述の4つの対応パターン（「回避」「経過観察」「受容」「転嫁」）をベースに、プランA（最善の対策）、プランB（次善の対策）、プランC（AおよびBが機能しなかった場合のバックアップ案）の3つを詰め将棋のように考えることを日課としていました。

おかげで、毎日、出社をする頃にはすっかり疲れ果てていましたが、たいていのリスクについては先手を打って対応することができました。ただし、もともと人相がよくない顔立ちなのですが、プロジェクト期間中はとくに鬼のように怖い顔をしていると周囲からも家族からも指摘されていたのは反省です。

第2章

デザインフェーズ

2. Design
（デザインする）

ステップ5：資源見積
ステップ6：体制構築
ステップ7：作業設計
ステップ8：規範設計

成功へのアプローチを自由に描け

みなさんはゴルフをしたことがありますか？　最近では、幼少の頃から家庭用ゲーム機でゴルフゲームを楽しんでいる人も多いのではないでしょうか。もし、みなさんが以下のようなコースを攻略するとしたら、どのルートを選びますか？

たとえば、①のようにティーショットから2打目でグリーンを狙う人もいれば、②飛距離に自信がなく、慎重派で手堅く3打目でグリーンに乗せようと考える人もいるでしょう。残り2ホールで逆転を目論んでいる人は、追い風強風8メートルに運を任せて、左の林を超えるワンオン（1打目でグリーンに乗せる）を狙う、③のような強者もいるかもしれません（さすがに395ヤードは無謀とも思いますが）。

このとき、どのルートが「正解」とは言えません。同じスタート

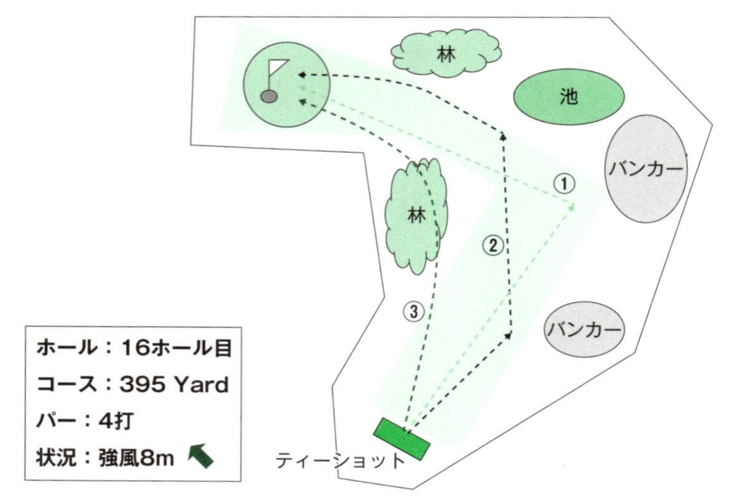

から始まり、同じゴールを狙うとしても、**人によってアプローチ（手順）は違います**。

プロジェクトも同じです。誰がリーダーとして、プロジェクトをデザインするかによって、アプローチは大きく異なります。ゴルフであれば、「プレイヤーの力量」「風や雨などの不安定要素」「プレイヤーのスタイル」などによってアプローチは変わります。プロジェクトに置き替えると、**「チーム全体のスキルや経験」「プロジェクトの阻害要因（リスク）」「リーダーの勝ちパターン（スタイル）」によって、攻め方は変わってくる**と言えるでしょう。

デザインとは**「意匠」「意図」「下絵」**と訳されます。デザインの対義語は、モデル（ひな型）やカタログ（見本）です。

最近ではプロジェクトに関する方法論やテンプレートも多く存在しますが、そこから選ぶだけではプロジェクトを成功させることはできません。リーダーがもっともストレスなく、結果を出せると自信を持って取り組めるルート（旅程）とアプローチ（手順）を描いていきましょう。この章では、「資源見積」「体制構築」「作業設計」「規範設計」の4ステップにおいて、リーダーの**「魂の注入」**について見ていきます。

STEP 5

資源見積

CASE

見積りの重要性を教えてくれる、有名な失敗プロジェクトの事例を紹介しましょう。

1988年、アメリカ合衆国コロラド州で今後の国際物流や旅客数の増加を見込んで、デンバー国際空港（DIA）の新設工事が始まりました。当初の見積りでは、約5年後の1993年10月31日の開港を目指していました。この空港はニューヨークのマンハッタン島の2倍もの巨大敷地を誇り、スムーズな荷物輸送を実現するために30kmもの専用トンネルが整備され、当時の最先端の技術を活用した「自動手荷物取扱いシステム」が導入されることが決まっていました。

しかし、1993年になってもシステムは完成しなかったのです。というのも、プログラムの一部を修正すると、別の部分で不具合が発生し、そこを修正するとまた別の部分が動かなくなるというように、現場はモグラ叩きの様相を呈していたからです。さらにはすべてのプログラムが正常に稼働した際には、空港内の電源が足りなくなり停電に陥った、という冗談のような逸話も残されています。

この「自動手荷物取扱いシステム」は、当時すでにドイツのミュンヘン空港で実用化し、稼働していましたが、DIAは他の空港に比べて圧倒的に規模が大きく、システムの複雑度は10倍以上に上り、要求される処理スピードも段違いに高かったのです。

結果、DIAは当初の予定よりも1年半近く遅れて、1995年2月に部分開港しました。しかしながら、目玉であったはずの「自動手荷物取扱いシステム」は稼働せず、人力による荷物のマニュアル輸送を行っていたそうです。

なぜ、このような事態になったのでしょうか？　その後、多くの調査機関が調べたところ、失敗の主な原因として**「リスク管理の不徹底」「ステークホルダーマネジメント不足」「節操のないスコープ拡大」**などが挙げられていましたが、それらの大本は「根拠のない見積り」に起因していました。当初の開港予定日は、政治的理由から決まったと言われています。開発を委託されたソフトウェア開発会社は約２倍の開発スケジュールが必要だと主張しましたが、DIAのプロジェクトチームはそれを無視しました。

また、すでに試験導入を成功させていたミュンヘン当局は、２年間の運用テストと本番稼働前のシステム調整に半年間かけて24時間稼働運転を続けた経験から、DIAにも同等以上のテストを見込むべきだと進言しましたが、DIAの上層部はこれも無視したそうです。

明らかに非現実的なスケジュールでの大規模システム案件に対して入札するシステム会社は１社もなく、最終的にイギリスのBA（ブリティッシュエアウェイズ社）を本社に持つBAEオートメーテッド・システムズ社が請負契約ではなく、ベストエフォート型契約（納期通りの納品は約束できないが、ベストは尽くしますという瑕疵の緩い契約）を締結しました。BAE社は何度もシステムの開発遅延をプロジェクトチームに報告し続けましたが、度重なるシステムスコープの拡大、仕様変更要求に応え続けた結果、プロジェクト予算も莫大なものになってしまいました。

本事例に限らず、多くのプロジェクトで同じような失敗が繰り返されています。プロジェクト発足時に「トップダウンアプローチ」で見積られた概算スケジュールや工数はやがて、固定的な必達条件として**「聖域化」**され、プロジェクトはあっという間にデスマーチに陥っていきます。このような事態を避けるためにも、**「誠意ではなく根拠を示す」「バッファマネジメント」**の２点をぜひとも徹底していきましょう。

見積りには、誠意ではなく根拠を見せよ！

もし、みなさんが会社の「新入社員歓迎パーティーの幹事」を担当することになったとしましょう。次のような条件でパーティーに必要な「予算」を見積ってください。「新入社員は10人」「当社の社員数は約100人」「パーティーは4月上旬に開催予定」。

いかがでしょうか？　この質問を私の友人3人に聞いたところ、三者三様、以下のような結果が返ってきました。

Aさん：20万円
Bさん：50万円
Cさん：120万円

「新入社員を歓迎する」という同じ目的を果たすための見積りを依頼したはずなのに、なぜこれほどの差が出たのでしょうか？　3人はそれぞれ見積りの根拠を次のように説明してくれました。

Aさん：「年度初めで多忙だし、最近の新人は上司と飲むのを嫌うって言うじゃない？　全員参加は難しいだろうね。会場は会社の会議室にして、時間はランチタイムに限定、料理は近所のお店から50人分くらいでもケータリングすれば十分だよ。昼間だから、お酒はナシだね」

Bさん：「ちょうどお花見のシーズだし、俺が幹事なら公園の近くにある居酒屋の2階を貸し切るな。ちょうど桜が見えてキレイだし。だいたい飲み放題食べ放題プランで1人5000円も見ておけば大丈夫。水曜日はノー残業デーだろうし、夕方から全員参加なら行きやすいはず」

Cさん：「希望に満ち溢れている新入社員を手厚く迎えてあげないとね。先輩社員たちへの慰労の意味も込めて、せっかくだったら都内の一流ホテルでやろうよ。司会もプロに頼んで、お笑い芸人や手品師も呼びたいし、ビンゴゲームで賞品も出したいね。帰りは会社のロゴが入ったノベルティグッズとか配って、盛り上げよう！」

プロジェクトにおいて、私たちは人（工数）・金（予算）・時間（スケジュール）という、有限のリソース（資源）をできる限り正確に見積る必要があります。いくら素晴らしいリーダーシップを発揮しても、**無謀なリソース計画でプロジェクトを最後まで完遂することはできません。**このステップでは、プロジェクトを成功に導くための見積り時のポイントについて見ていきましょう。

■見積りでミスしないための4ポイント

見積りを行う際には必ず、次の4点に気をつけましょう。

1. 手法
2. 前提
3. 仮説
4. コンティンジェンシー

これらは、自分が見積りを行うときのみならず、前任者や他のプロジェクトの見積りを参考にする際にも確認すべきポイントです。

1つ目は**「手法」**です。手法のレベルには大きく3段階あります。

- **トップダウンアプローチ**
- **係数モデルアプローチ**
- **ボトムアップアプローチ**

たとえばお客様からこんな電話がかかってきたとしましょう。

「来年度に○○○プロジェクトを半年くらいでやりたいと思っているんだけど、御社に頼むといくらくらいでできると思う？」

このお客様はせっかちですが、決裁権限がある人だとしましょう。ここで答えを先延ばしにすると、案件は他社に流れる可能性があります。きっと、みなさんは頭をフル回転して答えるでしょう。

「お電話ありがとうございます！　もう少しプロジェクトの内容を伺わないと確かなことは言えませんが、そうですね、おそらく5000～6000万円程度だと思います」

このときの見積り根拠は**「過去の経験」**です。見積る人の経験値の差によって、見積り結果は大きく異なります。この手法は、お客様からの突然のお問い合わせ対応など、スピーディーな概算を求められるときに主に使われます**（トップダウンアプローチ）**。

上記のケースの続きです。ほとんどの人は後日あらためてお客様との打合せを設定して、プロジェクト内容を伺い、再度、見積りを提示する機会をいただくのではないでしょうか。

「先日の件ですが、半年間で御社の国内工場の物流システムを現在のA社からB社のソフトウェアに切り替えるということですが、基幹システムとのインターフェース連携が必要になります。要件定義から開発、テスト完了までを対象とすると、6500万円程度かかりそうです」

このとき、みなさんの頭の中には「導入予定のB社のソフトウェアライセンス費用」「開発が必要なインターフェースの数」「必要な外部コンサルタントの工数」などを根拠として、今回のプロジェクトの最終目標やスコープ（業務範囲、成果物）と照らし合わせ、数式を用いて算出しています。先ほどのトップダウンアプローチよりも**「論理的な根拠」**があるため、条件変更による見積り修正が求められた場合も対応することが比較的容易です。ITなどのプロジェクトでは主に、設計フェーズ以降で用いられます**（係数モデルアプローチ）**。

プロジェクトの**予算やスケジュールの見積りは、フェーズが進むごとに詳細化されていきます。**要件定義フェーズが終了し、設計フェーズに入る前に、開発対象とするプログラムの本数、テストケース数、作業間の依存関係（113ページ参照）、必要な人員のスキルレベル、マイルストン（中間ポイント）を組み込んだ作業スケジュールなどを考慮し、できる限り詳細なレベルで作業を積み上げていきます。プロジェクトでは要件が確定し、作業ベースで詳細に工数を算出する開発フェーズやテストフェーズで主に用いられます。このような管理手法は**WBS（Work Breakdown Structure：作業分解図）**と呼ばれますが、こちらはステップ7「作業設計」で説明します**（ボトムアップアプローチ）**。

上記の3つの手法はそれぞれ使われるビジネスシーンやタイミングが異なりますので、どれがもっとも優れているとは一概には言えません。ただし、みなさんが見積りを行う際に、自分がどのレベルの手法を用いているのかを常に意識するようにしていきましょう。

続いて、見積り時の2つ目の確認ポイントは、**「前提」**です。たとえば、先ほどの新入社員歓迎パーティーの事例では、「場所（社内か、別会場か）」「時間帯（平日の昼間か夕方か、休日か）」など、見積りを実施する時点ですでに確定している事項があるはずです。見積り依頼者に対して認識のズレがないか、前提条件についてはできる限り文書で合意しましょう。

3つ目のポイントは**「仮説」**です。見積りは未来を予測しているに過ぎません。見積りを作成する時点ではわからない情報もあります。先ほどのケースであれば、「何名くらいの人が参加するのか（全員参加なのか、70％程度なのか、半分程度に留まりそうか）」「予定会場が繁忙期のため、予約がとれるかわからない。少し幅を持たせた価格帯の他の会場も複数候補に入れたほうがいいかもしれない」「今期の業績次第で、経費の一律カットの号令が社長からかかるかもしれない」など、**未確定情報についてある程度の「仮説」を決めることで、見積りを前に進めることができます。**

そして、忘れがちなのが、4つ目のポイントである**「コンティンジェンシー」**です。日本語では、「不測の事態、緊急事態」と訳されます。シンプルに**「バッファ、予備」**と表されることもあります。失敗するプロジェクトの多くが、コンティンジェンシーを考慮していない見積りで計画および運営されています。

プロジェクト計画時にコストやスケジュールを見積って、お客様に提示すると、「高いね！　こんな金額では御社には発注できないよ」「これから長い付き合いになるんだから、もう少し誠意を見せてくれないかな？」「こんなに時間かかるの？　もっと短い期間でできないの？」といった厳しい言葉を投げられるかもしれません。

しかし、プロフェッショナルとしての「誠意」とは「安易な値引き」「実現可能性の低い計画」を無責任に提示するのではなく、**「プロジェクト成功に向けて全力をかけて予測した、根拠のある見積りおよび実行計画」をお客様に提供すること**ではないでしょうか？

見積りを作成した後には必ず、**「このリソース（人、金、時間）で、自分が責任者としてプロジェクトを最後までリードすることができるのだろうか」という視点でレビューしてみましょう。**もし、そこに少しでも不安や迷いがあるのであれば、船（＝プロジェクトチーム）は航海の途中で難破してしまう可能性が高いでしょう。

「大胆」と「無謀」は違います。十分な食料や水を積まないままに長い航海に出ても、毎日一生懸命にオールを漕いでくれる船員たちに対して、自信を持ってリーダーシップを発揮することはできないでしょう。リーダーシップとは人をまとめることではありません。臆病過ぎるくらい慎重に未来を予測し、全員でゴールを切れるような資源計画を立てることがリーダーの責任です。

バッファは隠すな、共有せよ！

資源見積りは、「未来予測」とも言い換えることができます。しかし、どんなにリーダーの経験が豊富でも、プロジェクトの未来を100％予測できる千里眼は持っていません。本書で何度も述べているように、プロジェクトには必ず「想定外」が起こります。ここでは、コンティンジェンシーについて、もう少し深掘りしていきましょう。

私たちは、すでにステップ4「阻害要因」で、プロジェクトの成功を脅かす「潜在的な障害（リスク）」を整理する重要性について理解しています。**コンティンジェンシー計画はリスク一覧をベースに策定されます。**「問題として顕在化する可能性が高いリスクはどの程度あるのか（発生可能性）」「リスクが顕在化したときにチームに与えるインパクトはどの程度あるのか（影響度）」をできる限り定量的に表すことで、見積ったリソース（資源）にどの程度のコンティンジェンシーを上積みすべきかが見えてきます。

また、プロジェクトの内容や種別によって、あらかじめ難易度が高いことがわかっているケースでは、一律の割合を加算するように社内で推奨されるケースも多くあります。たとえば、システム開発のプロジェクトの場合、責任範囲が明確な「業務委託契約」と比較して、完成品の納品まで全責任を負う「請負契約」はリスクが高いため、社内の決裁時の条件としてあらかじめ、「○○％のコンティンジェンシーを上乗せするように」と厳しく規定されている企業もあります（私が過去在籍していた会社のうち、4社中3社がそうでした）。

これらの「想定されているリスク」以外にも、「地震災害など突発的な不測の事態」も考慮して、さらに綿密なコンティンジェンシープランを策定するケースもあります。しかし、どんな大企業であっても、湯水のように予算や工数をかけられるケースはほとんどありません。実際のプロジェクトでは、既知の優先順位の高いリスクをベースにコンティンジェンシーを見積るのが現実的です。

リーダーの役割は、資源を見積るだけでは不十分です。自分が見積った通りに資源が消化されているのか、管理をする必要があります。もし、資源が足りないのであれば、資源の再配置を行うのか、作業工程の見直しでリカバリーするのか、場合によっては、資源の追加投入が必要なのかの判断を迫られます。また、資源が予定よりも消費されていない場合は、人や予算といった資源をリリース（手放すこと）し、全社のプログラムマネジメントの観点から優先順位の高い他のプロジェクトに資源を補充、転用する判断をすることもあります。

では、どのように資源を管理していけばよいのでしょうか？

もし、みなさんがダイエットを目指しているとしましょう。多くの人は、運動不足の解消や、食事制限から取り組み始めるでしょう。最近では、炭水化物の摂取を制限し、肉類などのタンパク質を積極的に摂る「ローカーボ・ダイエット」がよく聞かれます。しかし、いくら「肉類」を摂取するといっても、赤身と脂身が混ざり合っている霜降り肉を食べていてはダイエットをすることはできません。糖質・脂質を抑えるためには赤身と脂身を分けて管理することが必要ですが、実はプロジェクトの資源管理についても同じことが言えます。つまり、プロジェクトにおける**赤身（最短工数）と脂身（バッファ）を分けて管理する**という考え方です。

プロジェクトの規模が大きくなるほど、リーダーがすべての作業工数を精緻に洗い出すことは困難になっていきます。その際に、リーダーは各作業担当者またはサブリーダーに必要工数の見積りを依頼し、それを積み上げて、全体工数を算出します。しかし、**担当者が算出する工数には必ず意識的または無意識的に、「コンティン**

赤身（最短工数）と脂身（バッファ）を分けて管理する

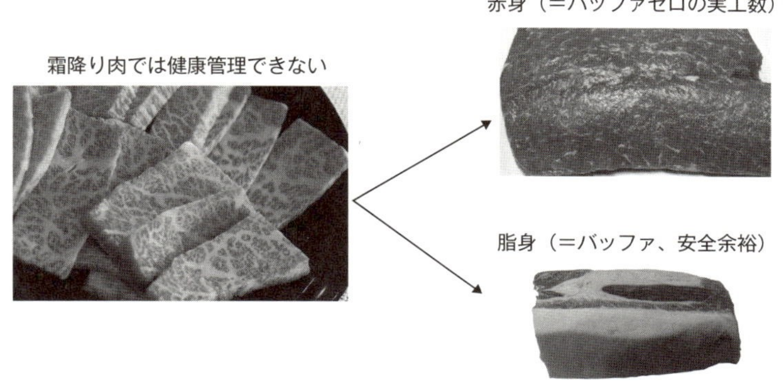

ジェンシー」が含まれています。理由は前工程の遅れ、会議参加や課題解決などWBS（作業分解図）に含まれていない追加工数、ソフトウェアの品質不良など、担当者だからこそ肌感覚で感じている「不測の事態」を見込んで、できるかぎりの安全余裕を含んだ工数を提示しているからです。

しかし、すべての作業担当者が思い思いにバッファを組み込んだ工数を単純に加算していては、作業時間が膨れ上がり、プロジェクトの全体スケジュール以内に収めることは難しいでしょう。ここで、ぜひみなさんにチャレンジしていただきたいのが「バッファマネジメント」の手法です。

■最短目標達成率とバッファ消化率をバランスさせる

「バッファマネジメント」では、各担当者が見積った工数についてリーダーが1つひとつヒアリングをしていきます。それぞれの作業にどの程度のコンティンジェンシー（バッファ）が加算されているのか、同時にその根拠を確認していきます。その際に重要なことは、「バッファを担当者から取り上げることが目的なのではなく、プロジェクト全体で管理することでスケジュール遅延の責任と対策をリーダーに集中させる」ことを真摯に伝える、ということです。

もし、担当者がバッファを誰にも言わずに隠していたら、不測の事態が発生してスケジュール遅延が起きたとしても、本人に責任を負ってもらう羽目になります。しかし、実際には人の追加やスケジュールの見直しの権限は担当者個人にはありません。その結果、何とか自分１人でリカバリーをしようとして、デスマーチに陥り、プロジェクト全体の問題へと発展していきます。

リーダーは**赤身**（バッファゼロの実工数、最短工数）と**脂身**（バッファ、安全余裕工数）を分けて管理していきます。日々の進捗確認では、「（赤身のみの）最短目標達成率」に対して、進捗度合を確認しましょう。

そのときに並行して、「（脂身の）バッファ」がどの程度消化されているのかも確認してください。たとえば、ある時点の「最短目標達成率」が52％なのに対して、「バッファ消化率」も同等の50～55％程度であれば、プロジェクトの健康状態は「健全」と言えますが、60％を超えるような「超過状態」では、作業が全て完了す

バッファマネジメントの例

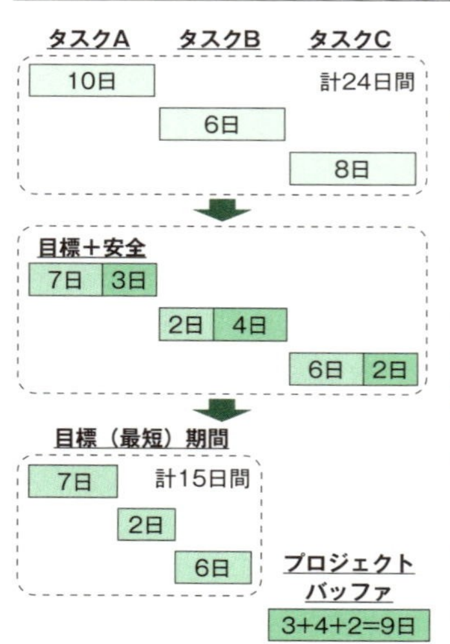

WBSからタスクごとの見積りを算出、合算する。各タスクごとに担当者がバッファを見込んでいる（突発的な追加作業、品質向上、前工程の遅れなど）

各タスクが最短（ノーバッファ）でどのくらいで完了できるかを担当者と確認。その際にバッファを奪うのではなく、プロジェクト全体で管理し、削減していく目的を説明する。バッファは見える化し、共有することが望ましい。場合によっては管理権限の一部を担当に付与／移譲する

進捗確認では、「（目標期間に対する）達成率」と「バッファ消化率」を分けて管理する。残りバッファ（何日、何時間）を逆算することでプロジェクトの健康状態を管理し、タスクの遅延を未然に防ぐ（例：達成率52%、バッファ消化率65%＝危険！）

る前にバッファを使い切ってしまうことが予測できるため、「危険な状態」であると判断できます。また、ほとんどバッファを使っていない状態が続くのであれば、従来の見積り策定時の前提や仮説にズレがあったり、優先度の低いリスクを過剰に見積ってしまっている可能性もあります。

この「最短目標達成率」と「バッファ消化率」のダブルインディケーター（標示計器）による管理を実現するためには、**「メンバーがリーダーに対してバッファを開示してくれる信頼関係の構築」が前提になります**。実際に運用してみると痛感しますが、このような関係を築くのは容易でありません。しかし、コスト（予算）オーバーラン、スケジュール遅延を防ぐためには非常にパワフルで有効な手段なので、ぜひチャレンジしてみてください。

資源見積のポイント

資源見積りにおいて、安易な「誠意」「遠慮」はデスマーチを招く。リーダーは「コンティンジェンシー（不測の事態）」を見込んだ根拠のある見積りを作成し、「バッファマネジメント」を通じて、チームを最終ゴールまで導く。

武器としてのリーダーシップ

資源見積りはリーダーシップを発揮するうえで、土台とも言える部分です。このときにリーダーに求められる基本姿勢は、「安易に妥協しない」ということです。

しかし、お客様との激烈な交渉に臨んでいる営業マンからは「この予算とスケジュールではコンペ（競合他社）に勝てません。もう一息絞れませんか？」と身内でありながら交渉を持ちかけてきたり、お客様から「こんなにかかるの？　御社のスキルと経験があればもっと早く安くできるはずでしょ？」とニラミをきかされ、十分な資源確保ができないケースが多くあるのも事実です。

リーダーは、それぞれの利害関係者が置かれている立場や責任を理解したうえで、「いい人を演じない」ことを意識しましょう。見積り作業での「いい人」は、ともすれば「無責任」にもつながっていきます。個人的に相手に好かれたい、喜ばせたい、とにかく受注して先に進めたい、という私利私欲や甘さが大きな悲劇を招きます。責任と権限を持つリーダーだからこそ、見積り作業には慎重に取り組んでいきましょう。

それでも、やはり全体スケジュールや予算といった制約から、自分が見積もった資源計画とかい離が発生することがあります。その際に、「これではできません。他のリーダーを探してください」と線を引くのも決断の一つですが、プロフェッショナルリーダーであるみなさんには、**「知恵を絞って、工夫する」**という選択肢があることも頭の片隅に覚えておいてほしいと考えます。

まだ、私が20代後半の頃のことです。あるプロジェクトで初めて、テスト計画書を策定する役目をいただきました。張り切った私は、テストに必要な作業を洗い出し、できる限りのリスク対応を織り込みつつ、全体スケジュールに収まる形で約2か月で完了するようなテスト計画をつくり上げ、意気揚々と上司に説明に行きました。しかし、私の説明を一通り聞いた上司からの言葉は、「なんで2か月もかかるの？　3日間でできない？」という非情な言葉でした。想定外の言葉に唖然としつつも、自分の計画を頭ごなしに否定された私は感情的に反発しました。過去のプロジェクト実績を含め、データを交えて「できない理由」を並べましたが、百戦錬磨の上司には通じません。

　結局、再度計画書を出すように指示されました。頭に血が上っていた私は計画書のやり直しに、一向に前向きになれませんでした。しかし、お客様への説明期限は迫っています。各作業の見積りを何度も見直しましたが、削れる作業やスケジュールには限界がありました。

　しかし、考え続けていると、あるとき、まったく別の考え方が浮かびました。それは、**「今の制約条件を無視して、テストを3日間で終わらせるためには何が必要かを考える」というアプローチ**でした。

　すると、面白いようにたくさんのアイデアが出てきました。従来、分けて作成する予定だった「概要設計書（ユーザー要件をシステム要件に翻訳する設計書）」と「詳細設計書（システム要件を開発者に具体的に指示する設計書）」を統合した新しい成果物フォームを準備する、設計チームと開発チームを同じ作業場所に集める、後半フェーズで予定していたデータ移行を前倒しで行って現行データをテストに活用する、など、様々な取り組みを新しい計画に盛り込みました。

　その結果、2か月かかると想定していたテストは2週間で完了することができました。もっとも、上司は相変わらず「なんで3日間でできないのかなぁ？」とボヤいていましたが、「知恵を絞って、工夫する」ことの重要性を教えてくれた恩師として、今でも感謝しています。

STEP 6

体制構築

CASE

2018年2月に行われた平昌オリンピックでの、パシュート女子レースにて日本チームが金メダルを獲ったことを記憶されている方も多いでしょう。翌日のスポーツ紙やテレビのワイドショーでは偉業を称えるニュースで溢れかえっていましたが、私はずっとある種の違和感を覚えていました。それは、多くのメディアやコメンテーターが使っていた「個人の力より組織の力」「技術大国ニッポンのお家芸」「集団力」という言葉でした。

決勝戦で競った相手国オランダはチーム全員がメダリストというスーパースター集団でした。このチームに勝つために、日本チームは緻密な戦略を立て、コーチ陣も含めて密なコミュニケーションを図り、チーム全体の総合力を最大限に高めていましたが、最大の勝因はそこではなかったと考えています。それは、主力選手であった高木美帆選手が言っていたように、「私たちはこの4年間、世界のどのチームよりも練習してきたから」であり、「(高木選手という)絶対的なリーダーの存在」と「レギュラーと同等以上の実力を持つスーパーサブ」がいたことだと考えています。ちなみに、決勝戦では控えにまわっていた菊池彩花選手のベストタイムはレギュラーを含むチーム全体で2番目の速さです。

みなさんに気をつけていただきたいのは、**「組織の力」とは、決して「弱い個の集まり」ではない**、ということです。組織に関わる一人ひとりがそれぞれ異なる強みを持っており、組織が目指す高い目標のために、私利を捨て、一致団結して全力を尽くしたときに、初めて「組織の力」が発揮されます。「組織の力」とは「硬直した官僚的組織（ビューロクラティック）」ではありません。ましてや、「組織間の壁」「立場を悪用した説教、命令、介入」「不要なプライド」「過去の栄光にすがる懐古主義」「戦略性のない竹ヤリ根性」では、到底、戦いに勝つことはできません。

プロジェクトには様々なバックグラウンド（経歴）を持つ人が集まります。ある分野において、経験の深い人もいれば浅い人もいるでしょう。声が大きく、チームに対する発言力のある目立つタイプの人もいれば、控えめな人もいるでしょう。特定の出身母体のメンバーが多く集まれば、チーム全体の雰囲気や風土はその人たちに引っ張られるケースもあります。しかし、大切なことは**「自分たちは何のために集まっているのか」を理解し、「一人ひとりの持つ強みは何か」にフォーカスすること**です。

弱みを結集しても、高い目標を達成することはできません。人はそれぞれの強みを活かしているときに、もっとも前向きに仕事に取り組み、最大限に輝きます。「組織力」という言葉を、「画一的」「団結力」といった意味でとらえるのではなく、**「異なる強みを持った個の集合体」**としてとらえましょう。

肩書ではなく、役割を定義する

どんなスーパーマンでも**一人ですべての作業を実行することはできません**。プロジェクトでは「初めて試みる高い目標」を「限られた時間」で成功させるために、期間限定の体制を構築します。**プロジェクトチームに補欠はいません**。年齢や性別も関係ありません。全員がレギュラーとして、チームが目指すゴール達成に貢献するために、一人ひとりの強みを存分に発揮できるような環境を整備していきます。

ポイントを簡潔に言うと、「組織とは分業である」ということです。たとえば、社長一人で運営している会社には組織図はありません。企画、製造、営業、経理、総務、広報にいたるまで、すべての業務を社長が行っているからです。しかし、事業規模が大きくなるにつれ、一人で全てをこなすことが困難になっていきます。

やがて、社長は社員を雇い、作業を分担することを考えます。今まで自分一人でやっていた作業を他人にやってもらうためには、業務をいくつかのまとまりに分割する必要があります。大半の業務は、それらを実行するうえで必要な能力や経験が求められます。数字が読めない人に経理業務を任せることはできませんし、営業をする人は他人とのコミュニケーションが好きな人のほうが望ましいでしょう。誰でもいいから頭数だけいればよい、という仕事は滅多にありません。とくに**プロジェクトにおいては人数（マンパワー）よりも、ゴール達成に必要な能力（スキル）を持っているメンバーを集めることが求められます**。

組織の目指す目標が高く複雑になっていくほど、多種多様な能力と経験を持つ人々の協力が必要になります。ときには企業や国境を越えて、必要な人材を呼び寄せることもあります。能力以外に、風土や価値観、思想など異なるバックグラウンドを持つメンバーが多く集まるほど、組織運営は複雑になっていきます。

■ピラミッド組織 vs. マトリクス組織

組織構成には大きく2種類あります。1つは中央集権型かつ階層型のピラミッド型組織、いわゆる「ヒエラルキー型組織」です。多くの企業や団体が取り入れている形態ですが、機能や責任、上位からの指示命令系統、下位からの報告連絡相談系統（レポーティングライン）が明確である一方、組織間の壁が生まれ、コミュニケーションギャップが発生しやすいという特徴があります。また、規模が大きくなるにつれ、意思決定のスピードが遅くなるというデメリットもあります。

もう1つが「マトリクス型組織」です。コンサルティング会社やITサービス企業ではよく見られる形態ですが、たとえば縦軸を業界（製造業、金融業、通信業など）、横軸をサービスライン（ハードウェア、ソフトウェア、サービスなど）として、両軸でマッピングし、市場の動向に合わせて柔軟に人的資源をアロケーション（配置）するのに適しています。しかし、実際に現場で作業するメンバーの視点から見ると、縦軸と横軸の双方向から作業指示が下りてくるため、**作業負荷のコントロールや、作業の優先順位づけが困難になりがち**です。また、管理者の視点でも、課題の管理やメンバーの

ヒエラルキー型組織

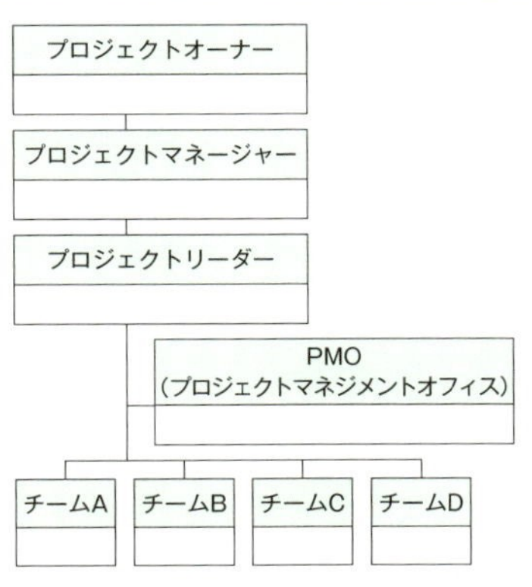

マトリクス型組織

	チームA	チームB	チームC	チームD
結合テスト				
システムテスト				
セキュリティテスト				
データ移行				

パフォーマンス評価が複雑になるというデメリットがあります。

最近ではCFT（クロスファンクショナルチーム）と呼ばれる全社課題解決のために部門横断型のチームを常設する組織も増えていますが、運営するためには経験が必要になるでしょう。

プロジェクトにおいては、ほとんどの場合、**ヒエラルキー型とマトリクス型のハイブリッド体制が構築され、運営されます**。たとえば、業務改革やシステム改革のプロジェクトでは、プロジェクトのスコープ（対象領域）にしたがって、ヒエラルキー型に業務チームが定義されることが多くあります。プロジェクトオーナーを最上位に位置づけて、プロジェクトマネージャー、プロジェクトリーダー、PMO室（プロジェクトマネジメントオフィス）、業務区分ごと（会計、販売、在庫、調達、製造など）にチームリーダーとメンバーがアサインされます。前述した通り、ヒエラルキー型組織はスピーディーに上意下達に意思疎通を図るうえでは有効な形態です。

同時に、プロジェクトでは組織横断型の業務も多く存在します。たとえばシステム構築のプロジェクトでは、結合テストやシステムテスト、セキュリティテスト、データ移行など、チーム横断で計画し実行する作業が発生します。多くの場合、横軸の作業ごとにも「タスクリーダー」を設置し（「結合テストリーダー」「セキュリティテストリーダー」など）、各作業計画を立案し、実行および管理運営を任されます。

ヒエラルキー型組織でも、マトリクス型組織でも体制を構築するうえで、大事なポイントは、**「誰が何に責任を持っているのか明確にする」**こと。とくにプロジェクトでは異なるバックグラウンドのメンバーが集結します。同じ社内であっても、他業種から入ってきた中途入社のメンバーもいるでしょう。その時に、「プロジェクトマネージャー」や「プロジェクトリーダー」「チームリーダー」という言葉1つとっても、メンバーによって理解が異なる場合があります。

プロジェクトチームの「肩書」ではなく、「役割」を定義する

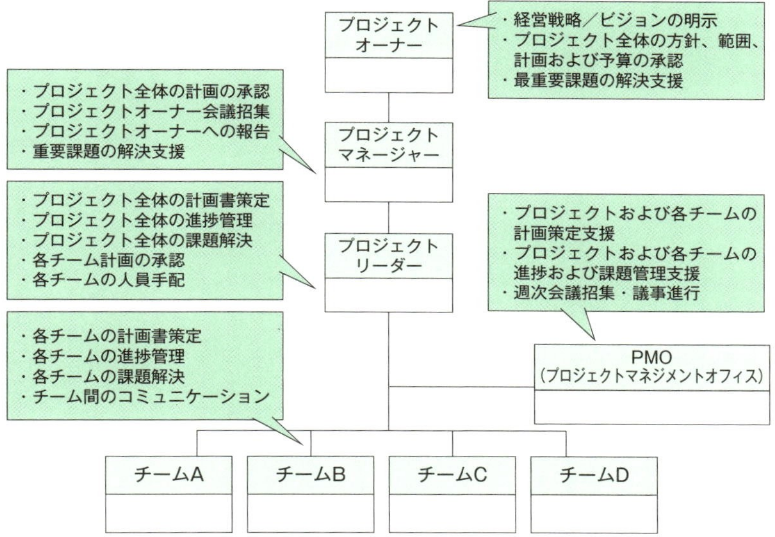

たとえば、ある人にとってはプロジェクト計画書を策定する責任はプロジェクトマネージャーにあると考えている人もいれば、それは実行責任を持つプロジェクトリーダーの役割であると考える人もいるかもしれません。よって、**体制図を構築する際は肩書だけではなく、必ず役割を簡潔に明文化する**ようにしましょう（上図）。

責任分担表　RAM

タイトル	名前	主な役割	管理対象	主な成果物	参加会議体
プロジェクトオーナー	経営会議メンバー	会社戦略とプロジェクトの整合性確認 プロジェクト計画の最終承認 人員配分に関する調整、支援	会社戦略 プロジェクト全体	―	月次プロジェクトオーナー会議
プロジェクトマネージャー	○○	プロジェクト全体の最終責任者 ステコミへの報告 重要課題の解決支援	プロジェクト全体	プロジェクト計画書 PJTオーナー報告書	月次プロジェクトオーナー会議、週次全体会議
プロジェクトリーダー	○○	プロジェクト全体の計画策定および推進課題解決推進 チーム横断タスク計画策定および推進	プロジェクト全体	プロジェクト計画書	週次全体会議、課題管理会議、仕様変更会議
PMO室	○○、△△	プロジェクト推進の支援全般	プロジェクト全体	プロジェクト運営関連資料（会議体、課題管理一覧、変更要求一覧など）	週次全体会議、課題管理会議、仕様変更会議
チームリーダー	○○、△△、××	チーム計画書策定と推進	担当チーム全体	○○、○○、○○、○○	週次全体会議、課題管理会議、仕様変更会議、チーム進捗会議
チームメンバー	○○、△△、××	担当業務の遂行	担当業務	○○、○○、○○、○○	チーム進捗会議

役割を定義する際には、**「RAM（責任分担表：Responsibility Assignment Matrix）」**を作成します（上図）。「タイトル別」にそれぞれのタイトル（肩書）の名前、主な役割、管理対象、主な成果物、参加する会議体などを記述します。

また、1つの作業に複数の組織（部署、会社など）が共同で関わる場合には、もう一段ブレークダウンし、責任分担を明確にした**「RACIチャート」**と呼ばれるフレームワークを活用します（下図）。

RACIチャート

作業	田中	佐藤	鈴木	山田	近藤
A-1. ゴール確認	A	C	R	C	I
A-2. スコープ確認	I	C	A	I	R
A-3. PJT名称決定	I	R	C	A	I
A-4. PJTルール策定	A	C	C	R	I
A-5. 要件フェーズWBS	C	R	C	A	I
A-6. リスク管理一覧策定	R	I	A	I	C

R（Responsibility）：実行責任　　C（Consult）：相談対応
A（Accountability）：説明責任　　I（Inform）：情報提供

RACIチャートは、作成するには若干骨が折れますが、作業のチャージレート（時間当たりの工賃）が異なるメンバーが混在するプロジェクトの予算管理や工数管理をするうえで有効です。

とくに最近ではグローバルプロジェクトも多く、海外ではJD（Job Description:職務定義書）が厳格に定義されており、RACIチャート作成をお客様から要望されるケースもあります。

RAMやRACIチャートを作成する際の注意点は、**「必ずプロジェクトメンバー全員で合意する」**ということです。大半のプロジェクト計画書には体制図が含まれていますが、見るのは最初だけでその後はバインダーに格納され、ほこりをかぶったまま陽の目を見ない、という場合も多くあります。

以前もこんなケースがありました。あるプロジェクトにおいて、私たちを含め、4社の業務委託会社が参画していました。会計や在庫管理など、各業務チーム内には異なる組織から参加しているメンバーが混在していました。お互いが初対面の中で、履歴書や職務経歴書を基にメンバーの得意領域に当てはまるように作業を分担しましたが、思うように機能しませんでした。

あるメンバーは「私は原価計算についてはやったことがありますが、正直、不得意です。今回のプロジェクトで業務設計を担当するのは、ちょっと荷が重いです」と言い、別のメンバーは「作業が忙しいので、定例会議での報告は別の人にやってほしい」と主張していました。

各チームにおける作業分担はRACIチャートとしてあらかじめ計画書に定義されており、事前に各業務委託会社の営業窓口とは確認と合意をしていたはずでした。しかし、実際に作業する段になって、参画している各メンバーはこのRACIチャートを初めて見た、最初からわかっていたらアサインメントを断っていたのに、と驚くメンバーが少なくありませんでした。

リーダーはRAMを作成して満足するのではなく、そこに定義されている各メンバーが**自分の果たすべき役割と責任を正しく認識しているか、それを遂行するのに十分なスキルと経験を持っているかを必ず確認しましょう。**麗しき誤解の中で作業を進めても、プロジェクトの成功率は損なわれるだけ。体制図通りにチームが機能するのかを確認しながら、しっかりと足元を固めて前に進んでいきましょう。

チーム運営では、弱みは無視して強みを活かす

プロジェクト体制を構築するうえで、大切なポイントは「適材適所」です。リーダーを含め、完全無欠の人間はいません。たとえば、サッカーやバスケットなどのスポーツ選手でもディフェンス（守り）もオフェンス（攻め）も完璧にできる選手はほとんどいません。野球の世界では、アメリカのメジャーリーグに挑戦しているエンゼルスの大谷翔平選手はピッチャーとバッターの二刀流で注目を浴びていますが、ベーブ・ルース選手（1895 〜 1948年）以来と言われているくらいですから、長い歴史の中でも稀なケースと言えるでしょう。

■リーダーシップの本質は「犬ぞり」から学べる

「適材適所」の重要性を表す、あるエピソードを紹介します。先日、私はスウェーデン北部に位置するキルナ（Kiruna）という街に一人旅に出かけました。場所は北極圏、気温マイナス25度を下回る極寒の世界です。氷でできた「アイスホテル」に宿泊し、オーロラを観るという目的だったのですが、そんな場所に1人で行くとは何ともモノ好きだなと言われそうですが、ここでは置いておきましょう。

見渡す限り雪しかない場所ですので、オーロラ観測以外の昼間はやることがありません。暇を持て余していた私は、「犬ぞりアクティビティ」に参加することにしました。案内をしてくれたマッシャー（操縦士の呼称）がおしゃべり好きで、そりに乗っている間中、犬ぞりの歴史や特徴について機関銃のようにしゃべり倒していたのですが、非常に興味深いものでした。マッシャーの話をざっと要約すると、以下のような内容でした。

・12頭の犬にはすべて異なる役割があり、楽な役目はない
・全頭が1つのマグネットのように意思統一できていないと、そり

は一歩も前に進めない

・列の先頭にいる２頭がリーダー犬であり、もっとも足が速く、賢く、冷静である。マッシャーの考えをもっとも理解している
・リーダー犬の役割は、列の「方向性」と「スピード」を決めること。リーダー犬のスピード以上に列が速く進むことはない
・２列目の犬は、「調整役」を担う。先頭を走るリーダー犬の「方向性」と「スピード」にしたがいながらも、後続の犬たちの進捗や疲れ具合を見て、全体のスピードを微修正する
・とくに２列目の犬が重要なのは、列がカーブを曲がるとき。彼らは列全体の能力を考慮しながら、転倒しないギリギリのスピードを選択する
・そりに一番近い最終列に位置する２頭は、チームの中でもっとも身体が大きく、脚力が強い犬が担当する。停止している重いそりを最初に動かすためには、まず、この２頭が全力を尽くさなければならない
・犬たちは本能的に闘うことで組織におけるヒエラルキーを決めるため、一緒に飼育すると傷つけ合ってしまう。そのため、普段は離れた部屋に分けて飼育されている。そりをひくときだけ、列に合流するが、お互いの役割を理解し合い、協力し合っている

「犬ぞりのリーダーシップ」には、私たちがプロジェクト体制を構築するうえで多くのヒントが隠されていないでしょうか。犬たちは、自分と他の犬の能力の優劣を比較することなく、それぞれの強みと役割を認識し、協力し合っています。**強みと弱みは多くの場合、トレードオフの関係になっています**。フットワークが軽い人は、慎重さに欠けることがあるかもしれません。一方、慎重な人は、意思決定に時間がかかってしまう面もあるでしょう。

実際に、私が関わったプロジェクトでも、こんなことがありました。新卒１年目のメンバーがアサインされてきたのですが、どのチームに配属させるにしても業務知識もシステム知識も不十分な状態

でした。社会人としての経験も浅いので、プロジェクトメンバーとのコミュニケーションも思うようにいきません。これ以上、お客様に迷惑をかけるわけにもいかないので、彼のアサインを解消しようと思いましたが、あるとき、彼が表計算ソフト（エクセル）の名手であることが判明しました。ちょうど、プロジェクトはテストフェーズにさしかかっており、細かいデータ入力とその分析を行う担当者が不足していました。彼をアサインしたところ、抜群のパフォーマンスを発揮してくれました。気づけばデータ移行担当者として、お客様からも信頼され、非常に高い評価を得るに至りました。

私たちは自分の足りない部分や弱点ばかりに目が向きがちです。とくに責任感の強い人ほど、自分の弱さを克服しようと懸命に努力しますが、プロジェクトにおける目的は、「完全無欠の自分」をつくり上げることではありません。求めるべきは、あくまでも**「プロジェクトが目指す最終目標を達成する」こと**だけです。そのために、自分の不完全さ（人間は全員不完全です）を素直に受け入れながら、**どうしたら自分の強みをチームの目標に結びつけることができるか、自分はベストを尽くせるのか**、ということに意識と行動を集中していきましょう。

体制構築のポイント

プロジェクトで完全無欠の「ドリームチーム」をつくることは不可能。リーダーはメンバーの弱みではなく、強みに目を向ける。体制図をつくって満足するのではなく、一人ひとりの役割と責任を明確にし、肩書にこだわらずに適材適所に人材を配置する。

武器としてのリーダーシップ

初対面の人と話していて、出身地や趣味が一緒であったり、学生時代に同じ部活動に入っていたり、また同じ血液型や、同じ兄弟構成（3人兄弟の末っ子など）であることがわかると、思わず好意を感じませんか？　私たちは好意を感じる人を前にすると、「相手に好かれたい」「できることなら相手の言うことを聞いてあげたい」というトリガー（引き金）が無意識に引かれてしまうという特性を持っています。「好意」は、マーケティングのバイブルとして世界的に有名になったロバート・チャルディーニ氏の著書『影響力の武器』において、「六つの人間特性」として紹介されています。

同様に、私たちはチームを組むときも、自分と共通項を多く持つ人に安心感を抱き、信頼を寄せます。たとえば、おっとりしたタイプの方は、せっかちな人と一緒にいるといつも追い立てられるような気分になってしまうでしょう。また、白か黒かはっきり決めて行動するのが好きな人は、優柔不断な人と一緒に長旅をするのを躊躇するのではないでしょうか？（少なくとも、私はそうです）

プロジェクトチームにおいても、私たちは無意識に「自分が理解しやすい人」を集めたがる傾向があります。とくに難易度の高い挑戦をするときほど、成功の可能性を少しでも上げるために、信頼のおける長年の付き合いのあるメンバーを揃えたくなります。また、スキルや経験だけでなく、自分の考え方に近く、できることなら話の合う、性格もよく似た傾向を持つメンバーを揃えることで円滑なチーム運営ができると考えてしまいがちです。しかし、そんなときこそ、要注意です。

本書で何度も繰り返し述べていますが、プロジェクトでは必ず「想定外」が起きます。最終目標へ向けた航海は順調なときばかりではなく、時には嵐に見舞われたり、サメに襲われたりすることもあるでしょう。そのときに、試練を乗り越えるためには、様々な能力と経験を持ったメンバーが頼りになります。同じ思考回路を持ったメンバーが集まった同質的な集団は、意思統一のスピードは速いかもしれませんが、リーダーが間違った判断をしてもそれを正してくれる機会を失う危険性をはらんでいます。

チームを正しい方向に軌道修正するには、常に、「建設的批判思考」を組織内に備える必要があります。とくに、自分がチームをリードするときには、サブリーダーには自分と違う特性や強みを持つ人材を揃えた方が、組織は強くなります。また、メンバーを招集する際もYESマンばかりを揃えることは、非常に危険です。時には、リーダーにも歯向かってくるくらいの鼻っ柱の強いメンバーを意図的に組み込むことで、「想定外」に強い体制づくりにチャレンジしてみましょう。

STEP 7

作業設計

CASE

私が事業会社を経営していた頃のエピソードです。

業界ナンバーワンの大手企業からの新規受注を獲得するべく、私を含めた営業チームは一丸となって提案作業に取り組んでいました。その頃、ちょうど中途入社で営業経験者が入ってきました。本人に実績を積ませて、自信を持たせるために、提案書作成の責任者として任命しました。提案の背景、目的、期待されている品質レベル、期限などを１つずつ説明し、不明点があれば作業に着手する前に質問するようにと伝えました。担当者は業界特有の専門用語など含め、ささいな疑問点も含めて確認し、一生懸命にノートをとっていました。

話のやりとりの筋のよさから、本人にとって少し背伸びが必要なチャレンジ案件でしたが、きっと大丈夫だろう、と私はすっかり安心していました。作業設計の大枠は私がつくり、作業の詳細化やアプローチは本人に任せました。

お客様への提案本番の数日前、マイルストンとして設定していた提案書の中間レビューの日のことです。それまで、業務に忙殺されていた私は、社内で本人に会うたびに、ことあるごとに提案書の状況について声をかけていましたが、毎回、「大丈夫です。進めています」という言葉に甘えてしまっていました。

しかし、中間レビューの場で担当者が披露してくれたドラフトを見て、愕然としました。期待していた内容には程遠いレベルだったのです。成果物の品質もさることながら、この仕事に対する本人の熱意やひたむきさがまったく感じられなかったことに私は憤りを感じました。

私は高ぶる感情を落ち着かせながら、なぜこのような状況になってしまったのかを本人に問いただしたところ、彼はボソッとつぶやきました。

「最初からこんな難しい案件はできません。前職の営業では商品説明のパッケージが決まっていましたし、そもそも、新規のたった1社を獲得するのにこんなに時間をかけるのは非効率ではないでしょうか？　すでに既存顧客がいるのですから、そちらへのルートセールスを担当したほうが自分には向いていると思います」

あまりにも無責任な言葉に、堪忍袋の緒が切れてしまった私は、彼に怒鳴り散らしながらも、深い悲しみに暮れていました。なぜ、こちらの意図や期待をわかってくれないのだろう、と。

しかし、今になって振り返ると、すべては私の作業設計と説明が悪かったのだと反省しています。私は、彼がこの提案を通じて、売り物が決まっている「プロダクト営業」から、お客様への課題を解決する「ソリューション営業」へと成長してくれることを期待していました。しかし、作業設計をする際には、品質や納期といった「役割」と「責任」を伝えることばかりに意識が集中して、その裏にある**「背景」「本人への成長期待」「仕事の意義」**をしっかりと伝えることがすっぽりと抜けていたことに気がつきました。

もう1つのミスは**「マイルストンの設定タイミング」**でした。中間レビューの結果、資料を修正する工数も十分に見込んでおく必要があったにもかかわらず、本番までの期限ギリギリにマイルストンを設定したのは明らかに作業を設計した私のミスでした。リーダーとして力量不足だったにも関わらず、担当者に怒鳴り散らしてしまった自分の浅はかさを今では深く反省しています。

大きな仕事は小さく分ける

あなたは料理が得意ですか？　もし得意であれば、私のために、「パスティーヤ」と「アルボンディガ」をつくっていただけませんか？　デザートは「アロスコンレチェ」でお願いします。

こんな依頼を聞いて、すぐに調理に取りかかれる人はほとんどいないでしょう。どんな形状をしているのか、そもそも食べ物なのかも見当がつかないかもしれません（ちなみに、パスティーヤはモロッコの伝統的なパイ料理、アルボンディガはスペインのミートボール、アロスコンレチェはメキシコの米を牛乳で煮込んだデザートです）。

私たちは、自分が経験したことがないことや、見たことがないものについて、「つくれ」と言われても、つくることはできません。しかし、プロジェクトでは「今まで誰もやったことがない取り組み」について、「レシピ」を考え、「材料」「調理器具」をそろえ、「調理技術」を兼ね備える必要があります。なかなか難しいですね。しかし、救いとなるのは、**「プロジェクトは１人ですべてをやる必要がない」**ということです。そのために、私たちはプロジェクトの成功に必要な人材を社内外から流動的に集めます。

プロジェクトは**「プロセスの連続」**と言い換えることができます。プロセスとは「物事を進める順序、過程、工程」を指します。すなわち、「時間軸に沿った作業の固まり」だと考えてください。

たとえば、カレーライスを例にとりましょう。最終成果物の「カレーライス」をつくるためには、「米を炊く」「カレールーをつくる」「皿にライスとカレールーをよそう」という3つのプロセスに大まかに分けることができます。ここでのポイントはすべてのプロセスには「動詞（作業）」が含まれているということです。

このステップでは、「プロセス」を設計する際の5つのポイントについて理解を深めていきましょう。

- IPO
- 5W1H
- スキルレベル
- 依存関係とマイルストン
- 1W&1P

プロセスとは、インプット（資源）をアウトプット（成果）に変える取り組みです。各作業は、あるプロセスを通じて作成されたアウトプットを、次の作業のインプットとして繋いでいきます。たとえば「カレールーをつくる」一連のプロセスは次の4つの「作業」から成り立ちます。

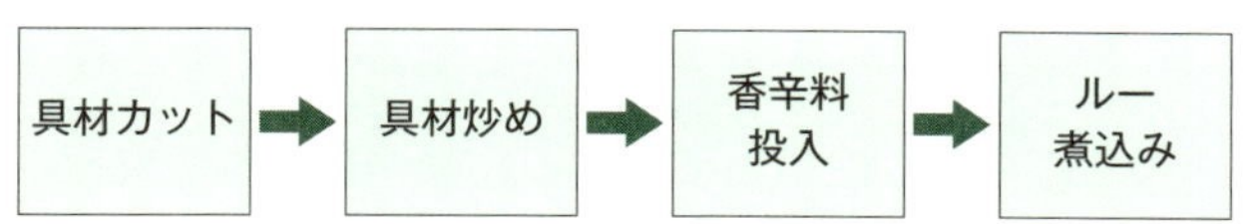

さらに、それぞれの作業は「インプット」「プロセス」「アウトプット」で整理することができます（次ページを参照。それぞれの頭文字をとって**「IPO」**と呼びます（Input − Process − Output））。このように成果を生み出すプロセスを分割した作業群を「作業分解図」、もしくは「WBS（Work Breakdown Structure）」と呼びます。

プロセス設計におけるインプットは前工程のアウトプットだけではありません。その作業を行ううえで相談できる社内外の人脈やネットワークなども有用なインプットです。チームの生産性を高めるためにもリーダーはメンバーにそれらも含めて積極的に伝えていきましょう。

リーダーは、ステップ6「体制構築」で招集したメンバーに対して、それぞれの役割と責任に応じた作業を指示するために、**「誰が**

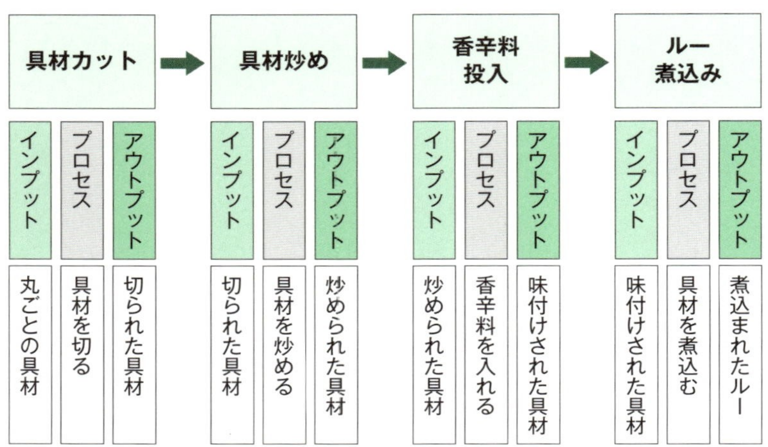

(Who)」「何を（What)」「いつまでに（When)」行うのか、相手が理解できる言葉で伝えますが、それだけではメンバーを動機づけることは難しいでしょう。依頼する作業の重要性を理解してもらうために、「なぜ（Why）その作業を行う必要があるのか」も併せて説明しましょう。

また、プロジェクトには異なる経験やバックグラウンドを持つメンバーが集まっています。リーダーの作成したプロジェクト計画や作業の進め方に同意をしていない場合もあります。その際にメンバーが感じる不安や懸念に対して、リーダーは後回しにせず、作業説明を通じて、丁寧に解消していくように努めていきましょう。

このステップを放置したまま、プロジェクトを前に進めると、各作業の成果物のイメージが合わなかったり、納期遵守に対する責任感のズレにつながりますので、要注意です。

そして、作業設計をする際には、メンバーのスキルや経験レベルを確認するようにしましょう。もしスキルが足りない場合には、作業のIPOのみならず、「どこで（Where)」「どうやって（How)」その作業を行うのかも説明する必要があります。また、その作業を行うためのトレーニング工数や成果物の中間レビューなど新たな作業を設定する必要も出てきます。

逆に、経験豊富なメンバーの場合は具体的な作業方法については任せたほうが、より革新的で効率的な手法を知っているかもしれません。よって、メンバーのスキルレベルを考慮しながら、柔軟に作業設計の粒度を変えていきましょう。

プロセスは一連の作業（タスク）群ですが、それぞれの**依存関係**（関係性、つながり）とプロジェクトの全体スケジュールの中で達成すべき**マイルストン**（中間ポイント）を満たしていることを確認します。

「依存関係」とは、たとえば「肉と野菜を切る」という作業をするためには事前に「肉と野菜を冷蔵庫から出す」「肉と野菜をまな板に置く」という作業を終了させる必要がある、ということです（下図を参照）。カレーライスを夜7時の夕食に出す必要があれば、マイルストンを逆算して算出、設定します。夜6時半までにはカレールーを準備し、お米を炊いておく必要があるでしょう。そのために

マイルストンとタスクの依存関係

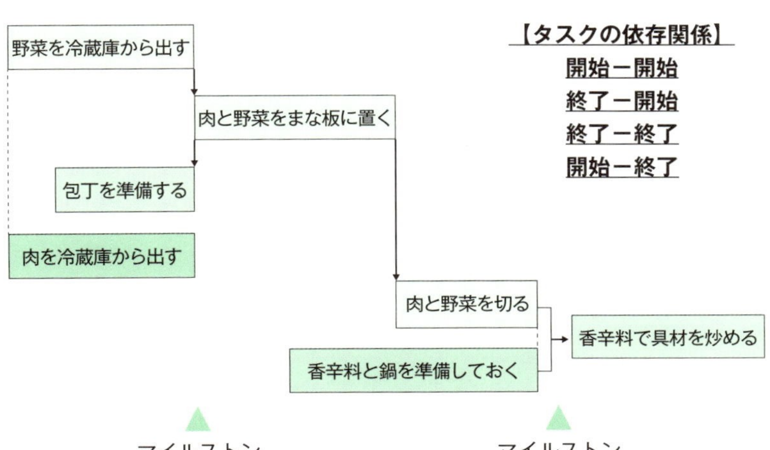

は、5時半までには具材をカットし、お米を洗って炊飯器にセットしておかなければいけません。それぞれの作業の依存関係（「開始一開始」「終了一開始」「終了ー終了」「開始一終了」）を特定し、マイルストンを意識したスケジューリングを行いましょう。

■リカバリーしやすくなる作業設計のルールとは

WBSを作成する際にぜひ注意いただきたいポイントは、**「1W&1P」**です。何やら呪文のように見えますが、**「1つのタスクは最長1週間以内に分割する」「1つのタスクには原則、1人の担当者を割り当てる」**ということです。

PMBOKを含め多くのプロジェクトマネジメント関連書籍では、タスクの分割は「最長2週間以内が望ましい」と推奨されていますが、私の感覚では、それではリスクが高いと感じます。たとえば、6か月間（約25週間）のプロジェクトで2週間のタスクが遅延すると、全体スケジュールへのインパクトは8％。この数字は、限られたリソース（人・金・時間）でリカバリーするには厳しいインパクトです。できれば、**遅延のインパクトを5％以下に留める**ために、1つのタスクは最長1週間（5営業日）を1つの区切りとしたほうがトラブル時のリカバリー可能性はグンと上がります。

また、作業計画はそのままプロジェクト予算にも反映されます。1つのタスクに異なる工賃（チャージレートと言います）のメンバーを複数アサインすると、プロジェクト進捗に対する予算消化率の算出なども複雑になります。

また、実務的な側面として1つのタスクに複数名の名前が記載されていると、担当者Aが病気などでプロジェクトから戦線離脱を余儀なくされた場合に、すぐに別担当者が補充されることは少ないのが実情です。残された担当者Bに「大変だと思うが、Aさんが戻ってくるまで1人でやれる範囲で頑張れ！」と任されてしまう危険性が大いにあります。トラブル時に、リーダーの意思決定を誤らせないためにも、「1W&1P」の原則を守っていきましょう。

納期を左右する「最長経路」を特定する

みなさんの人生に大きな影響を与えたビジネス書はありますか？

私も過去25年間で2000冊以上は読んできましたが、とくに印象に残った本を聞かれたら、『経営者に贈る5つの質問』（P.F. ドラッカー著）、『ビジョナリー・カンパニー』（ジム・コリンズ著）、『クリティカルチェーン』（エリヤフ・ゴールドラット著）の3冊を迷わず挙げます。中でも『クリティカルチェーン』は、私のプロジェクトマネジメント観を一変させる衝撃的な出合いでした。

『クリティカルチェーン』は、生産管理およびサプライチェーン領域における全体最適の手法として有名なTOC理論（Theory of Constraints；制約条件の理論）の提唱者であるイスラエル出身のエリヤフ・ゴールドラット博士によってプロジェクトマネジメント手法がストーリー仕立てで書かれている本です。プロジェクトスケジュール上のボトルネック（阻害要因）に対して、リソース（資源）制約を考慮し、短納期でのスケジュール遵守を目指した管理手法で、**CCPM（クリティカルチェーンプロジェクトマネジメント）**と呼ばれます。

CCPMに含まれる主な特長は、以下の通りです。

- **マルチタスクの排除（タスクの優先順位づけ）**
- **フォワードローティング（前倒し作業計画）**
- **バッファマネジメント（コンティンジェンシー管理）**
- **バックワードプランニング（最終ゴールからの逆日程算出）**

CCPMを理解・実践するうえで、重要な考え方が**「クリティカルパス」**です。日本語では「最長経路」と訳されます。これは一連のプロセスにおいて、開始から終了までもっとも時間がかかる経路を指します。ここでは、再びカレーライスのつくり方を例にとりながら説明していきましょう。

カレーライスをつくるフローは「ライス」「ルー」「盛り付け」の3つに分けることができます。「ライス」プロセスでは、「米を計量する」「米を洗う」「炊飯器を準備する」「炊飯する」という4つのWBSに分解することができます。そのときのそれぞれの時間を算出し、合計すると58分間かかるとします。

次に「ルー」プロセスでは、「野菜を切る」「肉を切る」「具材を炒める」「香辛料を投入する」「煮込む」という5つのWBSに分解し、一連の必要時間は68分間だったとします。

最後の「盛り付け」プロセスでは、「皿を準備」し、でき上がった「ライス」をよそって、「ルー」をかける、という3つのWBSで整理することができます。このプロセスの実時間は9分だとしましょう。

このときに、もし調理場所や人員に余裕があれば、「ライス」をつくるプロセスと、「ルー」をつくるプロセスは、同時並行で実施することが可能です。「盛り付け」プロセスの最初のステップである「皿を準備する」ことも可能かもしれません。

しかし、全体のプロセス群の中で制約となるのは、「(準備された皿に) ライスをよそう」「ルーをかける」作業だけは、「ライス」プロセスと「ルー」プロセスがそれぞれ事前に完了していなければ始めることができません。3つのプロセスの依存関係と、料理を完成させる合計時間は次ページの図のように表すことができます。

このケースにおいて開始から終了までの一連のプロセスで、もっとも時間がかかる最長経路（クリティカルパス）を青い矢印で表すと、調理全体にかかる時間は合計74分であることがわかります。

ここで注意いただきたいのは、「ライス」プロセスと「盛り付け」プロセスにそれぞれ予備時間が発生するということです。PMBOKでは「フロート」と呼びますが、本書では「バッファ」と同じ意

クリティカルパスとは何か

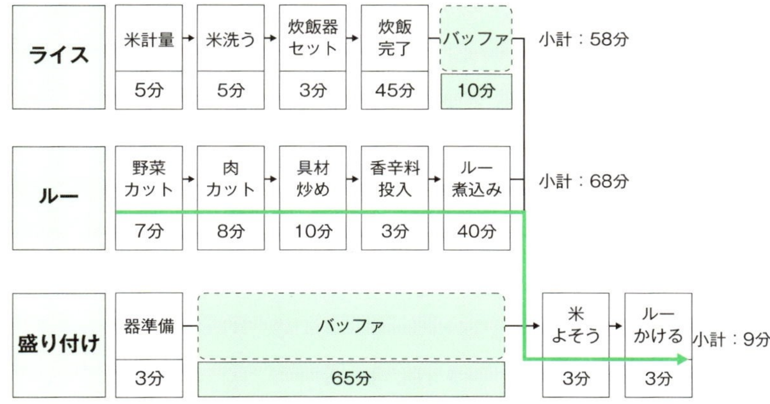

青線がクリティカルパス
（開始から終了まで最も時間がかかる経路）

調理全体にかかる時間：74分

味でとらえていただいて構いません。「ライス」プロセスでは10分間、「盛り付けプロセス」では65分ものバッファがあります。もし、この調理を3人の調理人が同時進行していれば、それぞれのバッファを活用して、接客をしたり、デザートをつくったりと、別の作業をすることも可能です。

クリティカルパス上のタスク（作業）が遅れると、それはプロジェクト全体のスケジュール遅延に直結します。言い換えれば、クリティカルパス以外のプロセスでの遅れはそれぞれのフロート（バッファ）内であれば吸収できるということです。

よって、プロジェクトを遅延なく運営するためには、クリティカルパスを重点的に管理し、リソースを優先的に配置します。納期短縮が要請された場合は、クリティカルパス上の作業にリソースを追加投入することで圧縮できるかを検討する必要があります（この手法をPMBOKでは「クラッシング」と呼びます）。クラッシングはスケジュール圧縮には有効ですが、コスト（予算）とのトレードオフになります（リソースを追加するのですから当然ですね）。その際に、迅速な意思決定ができるように、あらかじめプロジェクトオーナーを巻き込んで、**プロジェクトにおけるQCD（品質、予算、納期）の優先順位について「プロジェクト憲章」に記述しておく**ことをお勧めします。

作業設計のポイント

リーダーはIPO（インプット・プロセス・アウトプット）を定義し、メンバーのスキルレベルを考慮しながら作業設計を行う。クリティカルパス（最長経路）を重点的に管理することで、スケジュール遅延を未然に防ぐ。

武器としてのリーダーシップ

PMBOKではマネジメントすべき知識エリアとして、次の10項目を掲げています。

「①統合マネジメント（全体）」「②スコープマネジメント」「③スケジュールマネジメント」「④コストマネジメント」「⑤品質マネジメント」「⑥資源マネジメント」「⑦コミュニケーションマネジメント」「⑧リスクマネジメント」「⑨調達マネジメント」「⑩ステークホルダーマネジメント」

しかし、プロジェクトを成功に導くためには、これらを同列で扱うべきではありません。多くのプロジェクトリーダーは「③スケジュール（時間）」「④コスト（予算）」「⑥資源（主に人材）」の管理に多くの時間を費やしているように感じます。たとえば毎週の進捗会議での報告は「資源」が予定通りに消化されていることを確認し、不足していれば対応策について議論をします。

「資源」は一旦、見積られ、プロジェクトオーナーによって承認され、確保されると、あとは「減少していく一方」です。「資源が足りなくなったので、対策を検討する」ことをプロジェクトマネジメントとは呼べません。

私は、プロジェクトを成功に導くためには、**「②スコープ（範囲）」「⑤品質（期待値）」「⑦コミュニケーション（チームビルディング）」「⑧リスク（阻害要因）」「⑩ステークホルダー（利害関係者）」**の5つを集中的に管理していくべきだと考えます。

なぜなら、この5つは放置しておくと、「悪化または増加していく」性質を持ち、「資源」を「加速度的に食いつぶしていく」影響要因だからです。プロジェクトのスコープは拡大しやすく、お客様から求められる品質はどんどん上がっていきます。チームのコミュニケーションはコンフリクト（対立）を起こしやすく、リスクは手を打たなければ問題として顕在化していきます。利害関係者の中でも反対派（ブレーキ）はスケジュールが先に進むほどに依怙地になっていきます。

よって、リーダーの役割はすでに確保している「資源」の成り行きを見守るよりも、これらの「5つの影響要因」を徹底的に抑え込むことに全力を傾けていきましょう。

「資源」については前提を明確にし、仮説を立てたうえでコンティンジェンシーを含めて正しく見積られていれば、あとはサブリーダーやメンバーにある程度、管理を移管してもいいはずです。すべてをリーダー一人で請け負うのではなく、優先的にマネジメントすべき対象にメリハリをつけて、適切な権限移譲を行っていくことが、プロジェクト成功の秘訣です。

STEP 8

規範設計

CASE

プロジェクトでは、異なるバックグラウンドや経験を持ったメンバーが集まります。社外のメンバーが参画する場合は、出社時間や服装などワークスタイルが異なるメンバーも多くいるでしょう。

最近もこんなエピソードを聞きました。イノベーティブ（革新的、創造的）なアイデアを創出する新規事業プロジェクトにおいて、デザイン領域で実績のある凄腕のプロフェッショナルに参画してもらったのですが、「ひよこ」マークがプリントされたTシャツにジーンズ、スニーカーという出で立ちで現れ、プロジェクトオーナーである役員の逆鱗に触れた、というものでした。たしかに会社の風土によって許されないレベルもあるかもしれませんが、ルールを設定する際に、「ウチは昔からこのやり方でやっている」「我が社のやり方にしたがってもらわないと困る」だけでは、納得してもらうことは難しいでしょう。

私も以前、こんなケースがありました。あるお客様先で研修講師として参画したときのことです。研修後のフィードバックで、先方事務局から言われたのは、「受講生アンケートの評価は非常に高かったのですが、次回以降ご登壇いただく際にはヒゲを剃っていただけないでしょうか？」というものでした。現在、私は口ヒゲと顎ヒゲを生やしていますが、3日おきにトリマーで4mmに揃えていますので、無精ヒゲと言われるのは心外だったりします。

先方に理由を聞くと、「我が社にはヒゲを生やしている人がいないから」「役員の中には考え方が古い人もいるので……」（ちなみに役員は研修には参加されていませんでした）とのことでした。

正直、とても驚きました。その会社のホームページを見ると、「イノベーション」「ダイバーシティ（多様性）」「グローバル」といった横文字がたくさん並んでいます。

そこで、私は念のため、次のように聞いてみました。

「私は御社の社員ではありませんし、常駐しているわけでもありません。御社から依頼され、1年に1、2回登壇するだけの外部講師ですが、そのような相手にもこのルールを強制するのですか？　もし、中東などヒゲを生やしている海外からのゲストにも同じような依頼をするのでしょうか？」

先方担当者は黙り込んでいました。結局、その後「社内で検討した結果、ヒゲの件は問題ありません」とメールをいただきましたが、今後の登壇をこちらからすべてお断りさせていただきました。彼らが要求してきたルールには、何の論理性もなければ、正当性もあるとは思えませんでした。何よりも、自分たちの都合や思い込みを外部の人間に平然と依頼（というか強制ですね）するメンタリティーの方々と一緒にいい仕事ができるとは思えなかったからです。

プロジェクトにおいても、同様のことが言えます。**ルールをデザインする際には、「納得できる」「シンプル」なルールを心がけてください。ルールとは「標準」とも言えます**。正規分布で考えると、最低でも全体の70％以上のメンバーからは受け入れられるものでなければ、「標準的」とは言えないでしょう。リーダーは、なぜ、そのルールが必要なのか質問されたときに自信を持って答えられるようにしておきましょう。

また、いくら素晴らしいルールでも守られなければ、意味がありません。できれば、プロジェクトで必ず守ってほしい重要なルールは3つ以内に絞り込み、定例ミーティングで繰り返し伝えることで定着化を図りましょう。

ルールは3つに絞れ

もし、右側通行の欧米人と左側通行の日本人がルールを決めずに、好き勝手に道路で車を走らせたらどうなるでしょうか？　至るところで衝突事故が起き、街は目も当てられないほどの大混乱に陥ることでしょう。しかし、私たちはプロジェクトにおいて同様の失敗を繰り返しています。異なるバックグラウンドや価値観を持つメンバーが集結するプロジェクトでは、成功に導くための「ルール(規範)」を設計する必要があります。

スポーツやゲームを楽しむためにはルールが必要です。なぜなら、**「ルールなし」は「無秩序」「荒廃」を意味します**。格闘技の世界では「金網マッチ、ルールなし！」と謳われている、「UFC（アルティメット・ファイティング・チャンピオンシップ)」という団体があります。しかし、「ルールなし」といっても、急所への攻撃・目つぶし・噛みつき、ダウンした相手への攻撃などは反則として禁じられています。もし、これらの反則すらも定義されていなければ、もはやスポーツではなく、単なるケンカであり、時には殺し合いにまで発展するでしょう。同じように、もし、サッカーで自由に手を使い、相手の足をひっかけてもいいとされていたら、いくら大量得点をしたとしても、観客は興ざめですし、プレイしている選手自身にとっても、何の達成感も味わうことはできないでしょう。

プロジェクトも同じように、守られるべきルールがあります。一般的に、プロジェクト立ち上げ時に私たちは以下のようなルールを設定します。

- 出社時間、退社時間、遅刻または早退時の連絡ルール
- 座席表、連絡先（電話、メールアドレスなど）
- 成果物のネーミングルールおよび格納場所
- 会議体のルール（時間、場所、議事録など）

・進捗確認シート
・成果物のテンプレート（要件定義書、設計図など）
・問題発生時の管理ルール（データベースなど）
・プロジェクト辞書（用語説明など）

プロジェクトにおけるルールの果たす役割は大きく2つあります。それは、「品質向上」と「生産性向上」です。言い換えると、この2つの目的を満たさないルールは極力省くべきでしょう。

真面目なリーダーほど、プロジェクトにおいてたくさんのルールをつくりたがります。

私が今まで参加してきたプロジェクトでもこんなルールがありました。「役職ではなく、○○さんと呼びましょう」「ネクタイの色は控えめにしましょう」「ワイシャツは白い色に限定しましょう」「週前半の飲み会は極力やめましょう」「夜20時以降のメール送受信はやめましょう」「香水はつけないようにしましょう」「電話は3コール以内に出ましょう」「廊下を歩くときは真ん中ではなく、端に寄りましょう」「タバコ休憩は5分以内」などなど。挙句の果てには、「トイレ休憩は2時間ごとに1回にしましょう」というルールまでありました。

たしかに「工場内を視察する際は、必ずヘルメットと安全靴を着用しましょう」といったように、職場の事情を考慮したルールを設定しなければいけないケースもあります。しかし、多過ぎるルールは誰も守りませんし、また、複雑過ぎるルールは定着しません。

■ルールを見直すには？

ルールに関する基本的な作業手順は、「目的の明確化」「設計」「周知」「運用」の4ステップですが、その他に見落としがちな大切なポイントとして「ルールの見直し」があります。

有期性の取り組みであるプロジェクトにおいても、必要に応じてルールの見直しを行い、メンバーに再度周知を徹底する必要があります。

ここで、ルールにまつわる私の失敗経験をみなさんにお話ししましょう。今から約20年以上前にさかのぼりますが、ある製造業のお客様向けに基幹システム導入を行った際のエピソードです。当初、要件定義フェーズでのプロジェクトメンバーは総勢10名以下でした。

プロジェクトで発生した問題を共有するための「問題管理シート」のツールとして、どのソフトウェアを採用するか、リーダークラスで検討を行いました。「メンバーのすべてのパソコンにインストールされている」「入力が容易」「ピボットテーブルを活用することによって、解決ステータス（未着手、着手済み、対応完了など）や課題種別（システム関連、業務関連、組織関連、データ関連など）ごとの問題数が集計できる」「データ抽出機能によって、他システムに取り込むことができる」といった点から、マイクロソフト社のエクセルの利用が採択されたと記憶しています。

できるだけ簡便な入力フォームを準備し、セルごとに入力規則やリスト設定を行ったため、現場からの大きな反発もなく、スムーズに運用を開始することができました。

しかし、プロジェクトのフェーズが要件定義から設計開発、テストフェーズへと進むにつれて、データボリュームが多くなり、エクセルでの運用が困難になってきました。また、プロジェクト後半に入り、チームに新たに参画するメンバーも増えてきたため、リーダーチームにて再度検討を行い、「問題管理シート」をマイクロソフト社のエクセルからロータス社のNotes DBへと切り替えることを決定しました。ITコンサルタントが多く参画しているプロジェクトでしたので、旧バージョンから新バージョンへのシステム切り替えやデータ移行も滞りなく完了しました。

新バージョンの「問題管理シート」は機能も大幅に強化され、定例ミーティングでもリアルタイムに問題の完了ステータスが一目瞭然に表示されるなど生産性も向上し、マネジメントチームからの評判も上々でした。しかし、テストフェーズ後半になり、私は登録される問題件数が一般的なプロジェクトよりも少ないことに気づきました。通常であれば、テストケースの数から逆算すると1日当たり30～50件程度の問題が発見されるべきところが、わずか10～20件程度に留まっていたからです。

当初は、自分たちが設計したシステム品質が高いため、他プロジェクトよりも問題発生率が低いのだろうと考えていました。しかし、フェーズが進み、プログラム改修を重ねても、一向に発生件数の傾向は収束せず、コンスタントに問題が発生していました。

さすがにこれはおかしいと思い、特別チームを結成し、調査を開始したところ、原因はあっけないところにありました。それは、海外で開発をしていたチームメンバーが旧バージョンのエクセルの「問題管理シート」への問題申請とステータス管理を行っていたのです。

気づいたときには、新バージョンの「問題管理シート」に登録されていない課題は数百件に膨れ上がっていました。プロジェクトメンバー全員の顔が真っ青になって、そこから数週間もの間、積み残された課題解決に向けて、夜を徹して対応したことを思い出します。

あまりにも稚拙なミスですが、みなさんは私と同じ轍を踏まないように、**ルールの「見直し」「周知の徹底」**について、十分過ぎるほど注意してください。

ルールで会議を進化させる

プロジェクトのルールづくりにおいて、**生産性に一番インパクトがあるのが、「会議体」のルール設計**です（会議体とは、会議の体系や体制を意味します）。業務時間における会議の割合について興味深いデータがあります。それは、全体業務における会議の割合は約15.4％、とくに企業規模が大きくなるほど会議の占める割合が高まる傾向がある、という事実です（2012年10月に行われたNTTデータ経営研究所の調査）。会議の占める割合は、従業員99人以下の企業でさえ約12％、100人以上の会社では16％を超えていました。これは、10か月間のプロジェクトであれば、会議に2か月近くも費やしている計算になります。

また、会議中に議事録を作成している割合は約25％、会議の設定時間などルールを決めて効率的に実施している割合は約20％に留まるという調査結果も。会議に関する課題としては、「無駄な会議が多い」「会議の時間が長い」「会議の頻度が多い」の3点が上位に挙がっています。さらに「会議が、仕事の生産性向上やイノベーションの創出などの価値創造に貢献している」と回答した割合は3割強に留まったとのことです。

■参加する会議の数は、最小限にする

有期性の取り組みであるプロジェクトにおいて、この調査結果のように業務全体の20％もの時間を会議に費やしていては、納期通りに作業を完了することはできません。リーダーはメンバーがそれぞれの役割と責任を果たすための作業時間を最大化するために、会議体の参加ルールについて、慎重にデザインしてください。

次ページにて、プロジェクトにおける会議体ルール設計のサンプルを紹介しましょう。

この表では、プロジェクト期間中に定期開催される「会議名称」

会議体ルール

会議体	頻度	開催場所	主な目的	議事進行	議事録	参加者
ステコミ報告会	毎月（第1週の月曜午前中）	本社13F 第一会議室	プロジェクト全体状況確認、会社戦略との整合性、重要課題解決の議論	○○さん（事業計画部長）	△△さん（PMO室）	経営会議メンバー、プロジェクトマネージャー、プロジェクトリーダー、PMO
週次リーダー会議	毎週（金曜日18時-20時）	本社13F 第一会議室	プロジェクト全体の進捗確認、リスク／課題管理、予算消化状況の確認	□□さん（プロジェクトリーダー）	××さん（PMO室）	プロジェクトマネージャー、プロジェクトリーダー、PMO、チームリーダー
課題管理会議	毎週（水曜日10時-12時）	本社12F 小会議室A	問題管理一覧に記載されている各課題について、優先度を検討し、担当者、解決期限をアサイン	□□さん（プロジェクトリーダー）	××さん（PMO室）	プロジェクトマネージャー、プロジェクトリーダー、PMO、チームリーダー
仕様変更検討会議	隔週（水曜日13時-15時）	本社12F 小会議室A	変更要求一覧に記載されている各要件について緊急度、必要度、影響度を検討し、担当者をアサイン	□□さん（プロジェクトリーダー）	××さん（PMO室）	プロジェクトマネージャー、プロジェクトリーダー、PMO、チームリーダー
チーム進捗会議	日次（毎日9-10時）	各チーム座席	チーム内の進捗、課題、成果物の確認	各チームリーダー	チーム内でアサイン	チームリーダー、チームメンバー
チーム横断タスク検討会議	随時（タスクリーダーが招集）	未定	チーム横断タスクに関する計画書の策定、共有	各タスクリーダー	××さん（PMO室）	プロジェクトマネージャー、プロジェクトリーダー、PMO、横断タスクリーダー

「頻度」「開催場所」「主な目的」「議事進行役」「議事録役」「参加者名」を定義しています。ここでのポイントは「参加者名」に記載されていない人の参加は認めない、ということです。

『法の哲学』の著者としても有名なドイツの哲学者G・W・F・ヘーゲルは、**「すべての規定性の基礎は否定である」**と述べています。すなわち、「何かを決める」ということは、無限にある可能性、たくさんの選択肢の中から、行動や判断の拠り所として、あるものを選び取ることです。何かを選び取るということは、その1つに限定し、それ以外の可能性や選択肢をすべて捨て去ること、否定することを意味しています。よって、**会議体のルールに規定されている会議以外は「メンバーは勝手に参加をしてはならない」**ということを意味していることをリーダーはメンバーに伝える必要があります。

会議の参加人数が増えるごとに、会議時間は延びていきます。これは数式で証明されます。

たとえば、会議の参加人数をN人としましょう。その際に、メンバー間で発生するストローク（意思）の数は、「N×（N－1）÷2」という数式で表せます。3人で会議を行う際に考慮すべきストロークの数は3本（＝3×（3－1）÷2）です。

では、もし参加人数が1人増えて、4人になったらどうなるでしょう？　なんと、ストロークの数は6本（＝4×（4－1）÷2）になります。人数が1人増えるだけで、2倍になるわけです。同様に、会議の参加人数が6人になった場合は15本、10人になったら45本まで膨れ上がります。

大人数のチームでコミュニケーションに時間がかかる理由

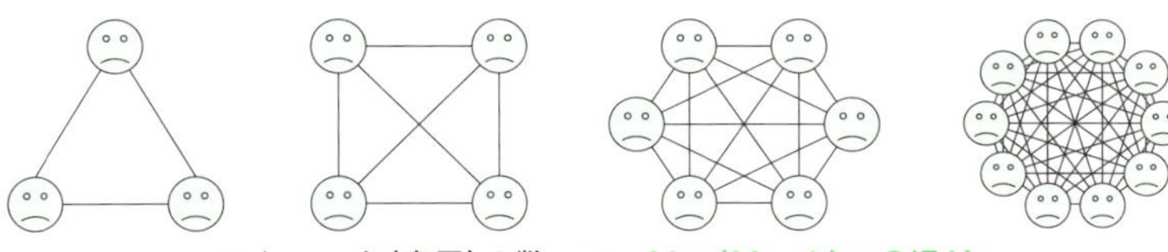

ストローク（意思）の数　＝　N×（N－1）÷2通り
N＝メンバーの数

N＝3人の場合	N＝4人の場合	N＝6人の場合	N＝10人の場合
線の数＝3本	線の数＝6本	線の数＝15本	線の数＝45本
会議時間＝10分	会議時間＝20分	会議時間＝1時間	会議時間＝3時間

各ストロークの数に応じて、参加メンバーの知識レベルやスタンス（同意、反対、中立）を推し量り、相手の言葉に耳を傾けていたら、3人だったら10分で終わっていた会議が、10人集まれば3時間かけても終わらないのは、当然です。

ここでは、「大人数の会議は時間がかかるので、常に最少人数で行いましょう」と主張したいわけではありません。会議の内容によっては、3時間かけなければいけない会議は、しっかり3時間かける必要があります。しかし、プロジェクトは「有期性」の取り組みですから、会議によってもたらされる価値と時間のバランスや生産性を考慮したうえで、リーダーは会議の開催を検討しましょう。時には、**会議をやらない**、という決断もプロジェクトの生産性を高めるうえでは有効だと考えます。

■議事録は文字で書くな、グラフィックで表せ！

会議を進化させるもう1つのポイントは「議事録」です。

議事録の目的は、「決定事項を合意する」「課題を確認する」「今後の行うべき作業を整理する」という3点に集約されます。しかし、ほとんどの議事録は文字の羅列で、それぞれの時系列がイメージしにくいように感じます。また、せっかく作成された議事録がメール添付で送信された後、参加者からの要請で加筆修正されても、最新版が共有されないといった状況もよく発生しています。

これらの問題を解消する手段として、グラフィック（図やイラストによる視覚効果）を活用した新たな形の議事進行や議事録のスタイルが多くのプロジェクトで広まっています。「グラフィカルファシリテーション」「グラフィック議事録」などの名称で呼ばれますが、下のサンプルをご覧ください。 こちらは東京（池袋）に本社を構えるコンサルティング会社ITBPO社が、「GG（グラフィカル

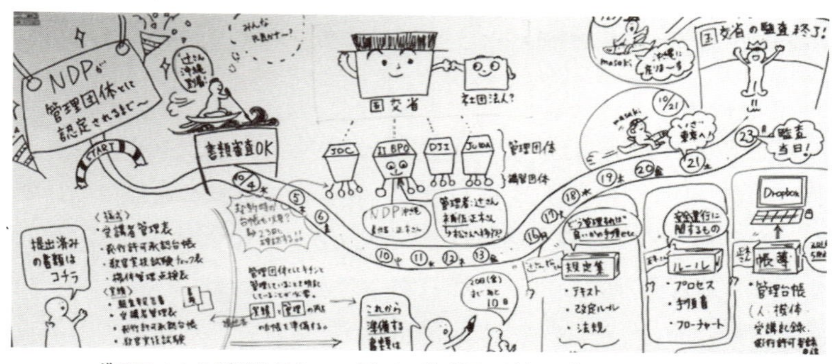

グラフィカルビジネスレコーディング（GBR法）／グラフィカル議事録（GG法）

議事録）法」を活用して記録した、社内会議の議事録です。

最近では、新しいビジネスアイデアを創出するブレインストーミングなどの会議において、デザインシンキング（人々のニーズを観察し、新しいアイデアを生み出す手法）の手法を用いて活発な議論を行う企業が増えてきました。その際に絵心のあるデザイナーに同席してもらい、会議で決まった流れを文字ではなく、時系列を押さえながら、そのときの参加者の感情も考慮したイラストで表した形で議事録を作成する人たちが増えています。

ITBPO社の「GG法」のユニークな点は、とくに絵に自信のない人たちでも、プロジェクトマネジメント用にすでに用意されている数種類のテンプレートと、典型的なイラストサンプルを用いて簡単にグラフィカルな議事録を作成できる点です。また、作成されたグラフィカル議事録はGoogle Docsで共有され、常に最新のバージョンの議事録にアクセスできる、という点も従来のメールベースのテキスト議事録の課題を克服していると感じました。

同社では今まで社内向けに活用していたようですが、取引先から「うちでもやってみたい」「やり方を教えてほしい」という問い合わせが増え、現在は法人向け研修として提供を開始しているそうですので、興味がある方はぜひ、リンクを参照してみてください（参考：http://www.gg-nc.net/）。

規範設計のポイント

守られないルールでは意味がない。リーダーは、全員が「納得できる」「シンプル」なルールをつくる。その中でも、会議体のルール設計はプロジェクトの生産性に大きく影響する。会議への参加人数のバランスに注意して、会議体を設計しよう。

武器としてのリーダーシップ

プロジェクトルールに関するリーダーの役割は「品質向上」「生産性向上」につながるようなルールの設計のみならず、その定着化まで責任を持つべきでしょう。

試合中にルールブックを見ながらプレイをしているサッカー選手がいないように、プロジェクトメンバーも日々の業務における判断や行動の基準として、重要なプロジェクトルールは「習慣」として身につける必要があります。

私たちが新たな行動を習慣化するにはどの程度の日数が必要だと思いますか？　最近では、目標達成のための習慣に関する研究も進んでいます。関連文献を調べると、アメリカの形成外科医師であったMaxwell Maltz氏が1960年に出版した著作『PSYCHO-CYBERNETICS』に行き当たります。その中では、次のように書かれています。

「（形成手術を受けた患者の多くは）新しい知覚変化を受け入れ、違和感がなくなるまで、平均21日間が必要であった」

最近では多くの書籍で、習慣化について「21日間ルール」が語られていますが、この本が引用元だと思われます。しかし、この本の中で述べられているのは、あくまでも知覚の違和感の解消に必要な日数に限定されており、無意識なレベルでの新たな行動の習慣化に必要な日数としては不十分でしょう。

さらに調査を続けると、「EJSP（European Journal of Social Psychology）」という欧州の心理学レポートの2009年7月号に行き当たりました。その中では、**「新しい行動習慣を身につけるには、平均66日間の継続が必要」**と報告されていました。

すなわち、新しい行動が無理なくできるようになるまでの第一チェックポイントが21日間（約3週間）、無意識に行動できるレベルまで定着化できる第二チェックポイントが66日間（約2か月間）ということです。

行動の中には「推奨行動」と「禁止行動」がありますが、中でも定着化が難しいのは「禁止行動」です。禁酒、禁煙、禁スマホの難しさは、みなさんにも想像しやすいのではないでしょうか。

「〇〇をやらないぞ」と思えば思うほどに、意識がその対象に向かっていき、少しの気の緩みで、禁止行動を再開してしまう傾向があります。

しかし、オランダ公立ユトレヒト大学社会健康組織心理学部のSelf Regulation Labの研究によると、何か新しい行動を定着化させる際に、「〇〇をやめよう」「〇〇をしない」というルールを決めるよりも、「もし、〇〇したくなったら、××をする」といったように、代替行動を定義するほうが成功率が格段に高いことが判明しました。同研究所では、この手法を「If-then Plans」と呼んでいます。

プロジェクトにおいて、「会議は45分以上行わない」「会議に参加中は内職をしない」といったようなルールを定義するよりも、**「会議が40分を超えたら、メンバーに会議継続の可否を確認する」「会議よりも優先すべき作業があるときはあらかじめ議事進行役に申請する」**といったように、代替行動を定義したルールを設計し、21日間および66日間継続できるようにフォローアップしていきましょう。

第3章

推進フェーズ

3. Drive
（推進する）

ステップ 9：変更管理
ステップ10：組織運営
ステップ11：問題解決
ステップ12：意思決定

実行されない計画は「無い」に等しい

ここまで読み進めていただいたみなさんの中には、あることに気づいている方もいらっしゃるかもしれません。

第1章「定義フェーズ」では、プロジェクトのゴール（最終目標）とスコープ（業務範囲、成果物）を定義し、ステークホルダー（利害関係者）管理とリスク（阻害要因）管理の重要性について説明してきました。また、第2章「デザインフェーズ」では、リーダーの「意志」を存分に入れた独自のアプローチ（手順）を設計し、必要なリソース（資源）を見積り、ゴールを達成するために必要なスキルと経験を持った人材を集め、体制を構築し、作業を割り当て、運営するためのルール（規範）を設計するポイントについて理解を深めてきました。

しかし、**プロジェクトはまだ、何も始まっていません。**

どんなに緻密で、夢にあふれた素晴らしいプロジェクト計画を練り上げたとしても、**実行しないのであれば「絵に描いた餅」に過ぎません。**

ここで、「実行の大切さ」を体現しているリーダーを紹介しましょう。Watson（ワトソン、AI（人工知能）ソリューション）やクラウドサービスなどの最新技術を世界中の企業に提供しているITサービス業界の巨人、IBM（アイ・ビー・エム）は、1991年28億ドルにのぼる創業初の赤字を計上し、1993年までの3年間で累積赤字総額は150億ドル（約2兆円）まで膨れ上がりました。倒産危機に陥った同社の再建の舵取りを任されたのが、戦略コンサルティング会社マッキンゼーでのパートナー（共同経営者）を経て、アメリカンエキスプレス、RJRナビスコの会長兼最高経営責任者（CEO）

を歴任してきた、ルイス・ガースナーです。

彼は着任すると、前任者のジョン・エーカーズ会長が進めていた4万5千人ものリストラクチャリングに留まらず、さらに3万5千人もの追加の人員整理を行いました。

当時、同社の戦略立案と計画を策定するスタッフ部門は3000人にまで肥大化していました。コンサルティング会社出身者や有名大学のMBAホルダーたちで占められていた企画チームからは素晴らしい事業戦略が数百ページ、数千ページといった形で計画書にまとめられていました。しかし、最大の問題は、**それらの計画を誰も実行していなかった**ことです。

ガースナーは自著『巨像も踊る』の中で、「実行の大切さ」について以下のようにまとめています。

- **選択と集中**
- **実行の卓越性**
- **顔の見えるリーダーシップの徹底**

ガースナーは大ナタを振るいながら、地に足のついた実行プランを着実に、徹底的に推し進めました。その結果、CEOに就任してわずか2年という短期間で、30億ドルもの利益を出すところまで同社を復活させたのでした。

最後の第3章では、プロジェクト計画を力強く「動かす」（推進フェーズ）ポイントについて、「変更管理」「組織運営」「問題解決」「意思決定」の4ステップに分けて、見ていきましょう。

STEP 9

変更管理

CASE

みなさんは「いい人」ですか？　多くの場合、プロジェクトにおいて**「いい人」は、トラブルを招き、さらに傷口を無限大に広げていきます**。もし、心当たりがあれば、ぜひ気をつけてください。

私がコンサルタントだった頃の話です。当時は営業担当が案件を受注して、デリバリー部隊（コンサルタント、SE、プログラマー）が現場でプロジェクトを推進する、という体制でした。

ある案件の担当営業マンは非常に人当たりがよく、腰も低かったので、お客様からもデリバリー部隊からも、人間的に信頼されていました。

ただ唯一気になったのは、彼が「いい人」過ぎて、押しに弱いところでした。プロジェクトが始まると、すぐに彼の弱点が目につくようになりました。提案当初、スコープ外と聞いていた業務や製品群は、実際にプロジェクトを受注してみると、なんとスコープとして明記されていました。しかし、受注してしまったものは仕方ありません。デリバリー部隊は知恵を絞って、何とかその実装方法を編み出しました。

ある日、その担当営業からプロジェクトリーダーの私にどうしても相談がしたい、と電話が入りました。会議室に行くと、彼はいつも通りの誠意あふれる申し訳なさそうな顔で、「すみません！　新しくプロジェクトオーナーに就任されたお客様の役員からどうしても、この業務を今回の対象に入れてほしいと要望がありました。何とか、今のマスタースケジュールで収まりませんか？」と言いました。

私は、できるだけ感情を抑えた声で返答しました。
「無理ですね。もしやるとしたら、今から最低でも４週間はかかります。最短２週間でやるとしても、スキルのあるコンサルタントを最低３人は投入しないと無理なので、追加予算が必要になります」

彼はますます申し訳なさそうな顔をしながら、食い下がります。
「そこを何とかお願いしますよ！　あの役員は次期社長になると言われているので、ここで恩を売っておきたいんです。お客様の今期の業績がよくなくて、これ以上の予算を積むことは不可能です。お客様も一生懸命ですから、現場で何とかしてもらえませんか？」

私の堪忍袋の緒が切れました。
「あのね、さっきから誰の立場で私に交渉しているんですか？　ウチの会社の社員ですよね？　交渉相手は私じゃないでしょう。営業のプロとしてお客様にしっかり交渉してください。値引く代わりに、あなたがこの案件を受注したときに支給された営業ボーナスを、プロジェクトに指し出す覚悟はありますか？」

「共感」と「同調」は違います。「いい人」ほど、他者の感情や状況に想像力を働かせることができます。しかし、あくまでも**自分と相手の立場の違い、責任、区別をしっかり線引きするようにしましょう**。「いい人」は、お客様から表面的な感謝の言葉はもらっても、周囲からも身内からもプロとして認められることはないでしょう。

ちなみに、この件はプロジェクトリーダーである私がオーナーのところに行き、工数および予算の面から論理的に不可能であり、リスクが増大して、オーナー自身の責任問題になるのでやめましょう、と進言したところ、３分でご理解いただけました（何だかなぁ）。

“ノー”と言うときは、代替案を示せ

本書で何度目かの残念なお知らせをしなければいけません。それは、プロジェクトの残酷な真実の1つである、「要件確定を正式に宣言しても、必ず変更要求は発生する」ということです。

要因は様々です。ステークホルダー（利害関係者）の変更、外的環境の変化、要件定義フェーズ中の要件見落とし、テストフェーズで発覚した不具合対応、見積ったリソース（人、金、時間）の実績と計画のかい離によるリカバリー案としての変更（スコープ縮小、要件削減）などです。中には、お客様から「要件定義フェーズの頃よりも、俺も色々と学んで成長した。今だったら、こっちの要件のほうが適切だと思うので、仕様を変えてほしい」というケースもありました。

プロジェクトチームとしては、すべての変更要求に潔く、「NO!」を突きつけて、ひたすら前進できればいいのですが、そう簡単にはいきません。反対に、「NO!」を選択した結果、本番稼働後の運用面で莫大な工数やリスク、時には金銭的なデメリットを負うこともあります。リーダーは、プロジェクトのQCD（品質・予算・納期）を守ることを求められますが、目指していた最終目標を達成できなければ本末転倒です。

このステップでは、変更要求に対して、KKD（経験・勘・度胸）や感情に振り回されずに、冷徹に対応する5つの手順（ステップ）について見ていきましょう。

■変更要求に対する5つの手順

はじめに、手順①は「文章化」です。変更要望は、様々なルート（経路）で私たちの元に届けられます。電話、ミーティング、個別打合せ、時には廊下ですれ違った際、さらにはトイレでたまたまお客様と横になったときに、「そういや、あの件だけどさ〜」と、サラッと変更依頼を振られることもあります。その際に、「変更要求

は正式なルートを通してください！」と杓子定規に突っぱねていては、関係性が悪化するでしょう。

口頭ベースでいただいた要望は必ずメールなど文章で確認するようにしましょう。「先日、ご相談いただいた件ですが、○○○ということで認識の齟齬はございませんでしたか？」と確認することは、相手に対して失礼には当たらないはずです。

多くのプロジェクトでは、**「変更管理DB（データベース）」「変更管理一覧表」などを整備し、一元管理する運用をしています。**起票内容としては、「変更要望内容」「変更理由」「影響範囲」「業務面からの緊急性」「変更した場合のメリット」「変更しない場合のインパクト」など、判断に必要な情報を記入してもらいます。その際の注意点は、**「要件変更を要望しているユーザー自らが起票する」**ということ。プロジェクトによっては、外部コンサルタントがクライアントから依頼されて代理入力しているケースも見られますが、私は断固反対です。理由は、「要件の認識のズレを防止」し、「責任の所在を明確化」するためです。

変更対応はプロジェクトのリソース（人・金・時間）にダイレクトに影響します。交渉時、時には訴訟の際にも重要なエビデンス（証拠）になるので、面倒であっても、変更要望の起票は必ず本人に実施いただくようルールを周知徹底しましょう。

手順②の**「要望理解」**では、申請された変更要求について、**「背景や理由の妥当性」**について関係者で審議を行います。PMBOKでは、「CCB（Change Control Board）：変更管理委員会」と呼ばれています。

一般的には、プロジェクトリーダーを議長として、各チームリーダー、変更要求によって影響を受けるステークホルダーを招集します。プロジェクトの最終目標に関する要求や上位レベルでの意思決定が必要な場合は、プロジェクトオーナーの参加を要請することもあります。その際に、変更要求がなぜこのタイミングで発生したのか背景や理由を理解し、プロジェクトの最終目標と合致しているかを確認します。

手順③では、変更要求を受け入れた場合のインパクトについて**「影響調査」**を行います。予定されている後工程の作業のみならず、すでに完了している前工程の作業のやり直し、追加費用や追加人員の必要性、今まで存在していなかったリスクが新たに発生しないか、など複数視点から関係者で精査を行います。

最近では、IT系のプロジェクトを中心に、早いフェーズで仕様イメージを確認する「プロトタイピングアプローチ」も行われていますが、まだまだ主流ではないように感じます。「プロトタイピングアプローチ」を採用すると、「実際にはモック（模型）を見せているだけなのに、すぐに開発できてしまうという誤解を招く」「早いタイミングで具体的なイメージを見ることで、アイデアがどんどん出てきて、収束できなくなり、かえってプロジェクトスコープが広がってしまう」リスクもあるので、注意が必要です。

影響調査を行う際は、とくに**「クリティカルパス上のタスク」についての影響がないかを集中的に確認しましょう**。第2章ステップ7「作業設計」で説明した通り、クリティカルパス（最長経路）上の作業の遅れは、プロジェクト全体の遅れに直結するからです。

手順④**「受け入れ判断」**を行った結果、もしプロジェクトチームとして「NO（受け入れ不可能）」と判断した場合、「なぜ、この変更要求が受け入れられないのか」について、数字的な根拠を含めて、論理的に起票者に説明する必要があります。

その際に、単にやりません、だけでは起票者もすんなりと納得することは難しいでしょう。起票者も業務上の必要性があったから変更要求を申請したわけですから、何らかの対応を行わないと、困る人がいることは確かなわけです。よって、「NO!」の判断をする際には、**できる限り「代替案」を提示するよう心がけましょう**。「申請いただいた変更要求は全面的に対応することはこれこれこういう理由で不可能だが、○○○の部分対応、または△△のアプローチであれば限定的に対応することは可能」というように、説明されるだけでも、CCBと起票者の間で建設的な議論ができるはずです。その際に、手順②「要望理解」をしっかりしておかないと、**的外れな代替案を提示してしまう危険性**もありますので、注意しましょう。

ちなみに、「申請された変更要求のうち、何パーセントくらいを承認すべきか？」と相談されることがありますが、プロジェクトのフェーズや変更要求の内容にもよりますが、私の経験上、**「資源見積り時のコンティンジェンシーの割合と同等」**と考えています。もし、人・金・時間について、それぞれ20％のコンティンジェンシーを積んでいるのであれば、その範囲内で収まる変更要求を承認することは可能なはず。ただし、プロジェクト後の運用コストや手間なども視野に入れて、判断するよう心がけましょう。

最後は手順⑤**「再見積り／作業指示」**です。CCBによる判断結果を起票者のみならず、影響を受けるステークホルダーおよび担当作業者に対しても、変更要求が承諾されるに至った「経緯」を説明する必要があります。理由や背景、重要性、緊急性など

変更管理プロセス

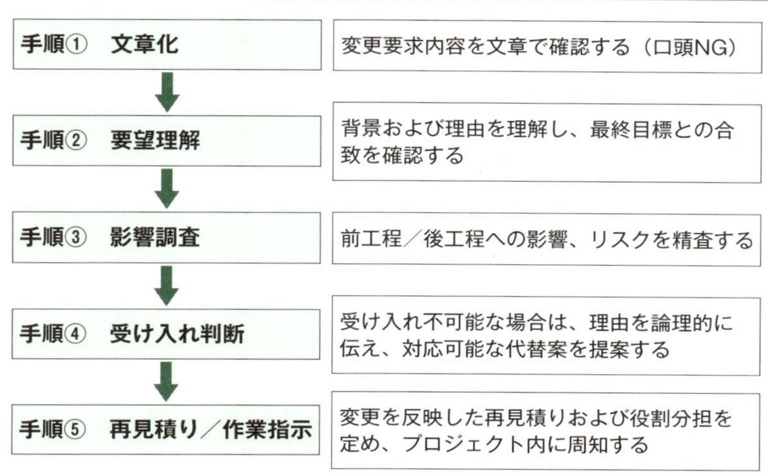

を担当者にも説明することで、変更対応作業への動機づけを行うことができます。

変更内容によっては、既存のWBSを大幅に組み直す可能性もありますので、すでに取り掛かっている作業との優先順位づけや、見落としている他の影響要因がないかも含めて、実務担当者と話し合いながら、具体的な作業スケジュールを設定します。

結論は一晩寝かせろ！

変更管理は、プロジェクトリーダーの力量が最も試されるタスクであり、同時にストレスが最高潮に高まるポイントでもあります。お客様とのタフな交渉、現場からの突き上げ、開発チームの対応遅れ、他作業との調整作業など、プロジェクトの不確実性が一気に高まるリスクをはらんでいます。

前述の「変更管理プロセス」の5つの手順にしたがって、要件変更対応を粛々と判断していければよいのですが、**私たちは生身の人間です**。どうしても、体調や精神面のコンディションや疲れによって判断を誤ってしまうことがあります。

ここでは、タフなプロジェクト現場で変更管理に臨むリーダーのティップス（補足事項）をご紹介します（なお、この3点は理論に裏打ちされていない、経験に基づく私独自の考え方なので、参考にするかどうかはみなさんにお任せします！）。

- **変更要求の性質と傾向を知る**
- **最終決断は翌朝に下す**
- **変更対応時の現場の生産性は落ちる**

はじめに、申請された変更要求が**「一時的」「突発性」なものなのか、「構造的」「再発性のあるものなのか」、その性質について確認するようにしましょう**。たとえば、今まで赤色で塗装していたガレージ（車庫）をオーナーの好みで青色に変更してくれという変更要求は、おそらくまた同様の変更要求が突発的に起票される可能性が高いと判断できます（もっとも、重要度や緊急度が高いかわかりませんが）。また、関係省庁からのお達しで、業界標準の規定が変更された、などのケースであれば構造的な問題からの変更要求であり、数年ごとに大幅な仕様の変更を余儀なくされるとあらかじめ準備しておく必要があるでしょう。

正直に告白すると、**私は変更管理が大キライ**です。できることなら、変更管理DBに起票したときのステータスはデフォルトでNO（却下）にしておくべきだとすら考えています。多くの場合、変更管理が起票されて、CCB（変更管理委員会）で議論されるのは週に1回か、隔週に1回です。私のケースでは、これらの会議を週の前半や、午前中に持ってくることはあまりありません。なぜなら、各チームにおける作業の段取りや、WBSに定義されている作業の進捗確認の会議を優先するためです。よってプラスαの作業を発生させる変更要求の判断は、週の半ば以降の午後か夕方に行われることが多いからではないでしょうか。

夕方以降、CCBを開催すると、たいてい判断は「NO（却下）」になります。夜になればなるほど、変更要求の却下率は高まっていきます。

最近では少ないかもしれませんが、深夜に変更要求が起票されて、自動的にプロジェクトリーダーに変更要求の判断を仰ぐメールが送られてきたとしたら、私なら即却下です。理由はカンタンで「頭も身体も疲れている状態で、これ以上作業を増やしてくれるな、このヤロウ！」だからです。だって、人間ですもの。

しかし、拙速な判断が正しい結果につながることは多くありません。私からのアドバイスは、**「変更要求の最終決断は一晩寝かせ」**です。とくに、「NO!」の判断をするときほど時間をかけたほうがよいと考えています。多くの場合、却下された変更要求の申請者がすんなりと納得してくれることは少なく、CCBやプロジェクトリーダーに再度審議するよう掛け合ってきます。そのときに、全体最適の視点から「なぜこの要求が承認されなかったのか」を論理的に説明できる準備ができていなければ、現場とリーダー層との関係に溝ができます。ましてや、リーダーの感情的な歪みや疲れで強引に判断を下したのではと勘繰られてしまっては、本当に必要な変更要件も上がってこなくなるリスクもあります。

もし、CCBが週の後半の夕方に行われたとしても、最終決断および周知徹底メールの送信は週明けの午前中に、身も心もフレッシュな状態で行うことを個人的には強くお勧めします。

3つ目のポイントは、**「現場はリーダー以上に変更管理にイライラしている」**ということです。

自分たちがやってきた作業をやり直すことほど、やる気を削がれることはありません。しかし、CCBではしばしば、お客様から「すでにプログラムの骨子は開発できているんだから、修正だけでしたら、このくらいの日数でできますよね？」と言われることがありますが、**これは大間違い**です。とくにプログラム開発における仕様変更は、場合によっては、家を支えている柱を一本抜くのに等しいインパクトが生じることもあります。本当にこの柱を抜いていいのか、歪みは生じないのかを入念に確認し、再度テストケースとデータを作成し、問題なく動くことを検証する必要があります。

仮に修正作業自体が2時間で終わるとしても、それに付随する検証作業も含めて、担当者の生産性は通常タスクよりも落ちることを見込んで、再見積りおよび再作業指示をするよう心がけましょう。メンバーもリーダーと同じ、人間ですから。

変更管理のポイント

変更管理はリーダーの胆力が試される。変更要求の重要度と緊急度を見極め、感情や疲れに左右されずに冷静に判断を下す。NO（却下）と言うだけなら誰でもできる。なぜ、無理なのかを相手に論理的に伝え、代替案を提案するよう心がけよう。

武器としてのリーダーシップ

最近、書店のビジネスコーナーで**「マインドフルネス」**に関する書籍を多く目にします。

「マインドフルネス」はアメリカの禅研究者であるジョン・カバット・ジンにより広まりましたが、もともとは仏教の禅思想に由来しています。過去に起きた出来事や未来への不安にとらわれるのではなく、今現在に意識を集中する心理プロセスであり、先天的な特性ではなく、瞑想（メディテーション）など訓練を通じて、身につけることができると考えられています。

私自身、この数年間、自分自身のコントロール力を高めるために、この「マインドフルネス」について多くの研修に参加したり、専門家に師事を仰いだりしていますが、知るほどに奥が深い思想であり、すべての現代人にとって必要であると感じています。

プロジェクトをリードするためには、プロジェクトマネジメントに関する技術や知識、周囲を巻き込みチームを統率するリーダーシップ、問題解決能力のみならず、「マインドフルネス」を含めた**感情コントロール力**を獲得することが必須だと私は考えています。

プロジェクトでは自分の感情を揺さぶるような出来事が連日のように起きます。とくにリーダーはメンバーよりも、多くの頻度で意思決定を迫られる場面も多く、そのたびに感情に左右されていると、正しい（後悔のしない、と言ったほうが適切かもしれません）判断や決断ができません。

感情にはポジティブ感情とネガティブ感情があります。

ポジティブ心理学者の一人、バーバラ・フレドリクソン博士の「拡張-形成理論」によると、**「喜び」「感謝」「興味」「希望」などのポジティブ感情は、人間の注意や認知、行動の幅を広げる働き**

を持つと言われています。たとえば、ある問題が起きたときに、一段上の視点で問題をポジティブにとらえると、まったく新しい視点での解決策や機会を見出し、他者との関係性においても柔軟性が増す、ということです。

反対に「嫌悪」「恐怖」「あきらめ」「劣等感」「不満」「悲しみ」などの**ネガティブ感情は、特定の行動を誘引し、選択肢を制限します**。たとえば、野生でチーターに追いかけられているシマウマは「恐怖」により「逃走」することを本能的に選択します。縄張りを荒らされて「怒り」狂っているライオンは、迷わず「闘争」することを選びます。このような切迫した状況においては、生存可能性を高めるために、本能的に選択肢が制限されてしまうのです。

私たち人間も同様です。ポジティブな気分のときには、余裕のある態度で問題や状況に臨むことができます。しかし、ネガティブ感情にかられているときは、ほぼ無意識に特定の行動が引き出されてしまいます。とくに、変更管理におけるリーダーの判断・決断は感情的に下していいことは1つもありません。ネガティブ感情のときには、すべての変更要求に対してNO（却下）という判断を下してしまい、結果的に後悔する結果に導いてしまうこともあります。

反対にポジティブ過ぎる感情も危険です。ともすれば、余裕を持ち過ぎて、冷静な判断力を失い、リスクの高い変更要求を慎重に精査することなく承認した結果、致命的な問題を抱えてしまうこともあるでしょう。

リーダーはプロジェクトにおいて、ポジティブ過ぎず、ネガティブ過ぎず、自分のニュートラルポジション（中立）の感情を保つために、「マインドフルネス」「瞑想（メディテーション）」について理解を深めてみることをお勧めします。

STEP 10

組織運営

CASE

コンサルタントや研修講師をしていると、様々なリーダーと出会う機会があります。どのリーダーも、チームを円滑に運営するために積極的なコミュニケーションを図ろうと日々、努力されています。

しかし、「積極的なコミュニケーション」と「チームの雰囲気やパフォーマンス」の間に因果関係はあるかというと、必ずしもそうとも言い切れません。それどころか、コミュニケーションに「真面目」なリーダーほど、チームがギクシャクしていたり、人間関係の混乱から抜け出せなかったりします。それはなぜでしょうか？

ここでは、あるプロジェクトリーダーの例を紹介しましょう。全社のトラブルリカバリーチームとして、進捗のよくないプロジェクトにアドバイザーとして参加したときの話です。リーダーにプロジェクト状況を確認すると、非常に簡潔に全体像を説明してくれ、真摯にプロジェクトに取り組んでいる様子が見て取れました。

しかし、実際に現場へ行ってみると、プロジェクトルームの空気は暗く、ギスギスした印象。しばらくの間、私はリーダーとメンバーとのコミュニケーションを観察していると、あることに気づきました。それは、**チーム内のコミュニケーションが「ホウレンソウ」に偏っている**、ということでした。

業務における、「ホウレンソウ」、すなわち「報告」「連絡」「相談」の重要性はみなさんもご存知の通りでしょう。しかし、「ホウレンソウ」はあくまでも、チームの目標達成のための手段としてのコミュニケーションです。これを、アメリカの心理学者レオン・フェスティンガーは「道具的コミュニケーション（Instrumental Communication）」と名づけました。

しかし、組織が「グループ」から「チーム」へと成長するためには、手段や道具としてのコミュニケーションだけでは不十分です。チームが成り立つためにはもう１つ、別の方向性のコミュニケーションも必要になってきます。それは、「自己充足的コミュニケーション（Consummatory Communication）」と呼ばれます。

これは、何か具体的な目的があって行うコミュニケーションではなく、単に自分の気持ちや感情を表すためだけの会話やあいさつ、笑い話などのコミュニケーションに当たります。チームが発足したばかりの段階においては、メンバー間の関係性はまだ表層的でよそよそしく、ある種の緊張状態にあります。これらの緊張緩和や、人間関係の醸成、信頼構築のためにはお互いの人となりがわかるような、業務とは直結しないような、一見するとムダ話のような会話も必要になります。

チームをつくり上げるためには、リーダーは「道具的コミュニケーション」と「自己充足的コミュニケーション」の両方を行う必要があります。

もっとも、中には、チーム内の雰囲気づくりばかりを優先し、ムダ話に終始しているリーダーもいます。プロジェクトの目標は仲良しチームをつくることではなく、あくまでもゴールを達成することですから、これら2つのコミュニケーションを「バランスよく行う」という点に、ぜひ注意してください。

嵐をくぐり抜けて、強いチームをつくれ

プロジェクトでは、ゴール達成のために必要なスキルを持った人材を社内外から集めます。チーム全員が初対面のメンバー同士でプロジェクトに取り組むことは多くあります。

ある基準によって集められた、もしくは自発的に集まり、分類された集団を「グループ」と呼びます。言葉は悪いですが、**「グループ」はまだ積極的な意思を持たない「寄せ集め」**とも言えます。どんなに経験豊富なメンバーたちが集まっても、すぐに「チーム」として機能するわけではありません。

ここで、集まったばかりの**「グループ」が「チーム」へと成長していく過程を表した「タックマン・モデル」**をご紹介します。これは1965年にアメリカのブルース・タックマン博士が考案した、チームが成り立つまでの一連のライフサイクルにおけるメンバー間のコミュニケーションの段階を示したものです。

組織は4段階のステージを経て、「グループ」から「チーム」へと成長していきます。図表の横軸は時間、縦軸はメンバーのモチベーションを表しています。

第1段階は**「形成期（Form）」**です。みなさんが新しいプロジェクトに参加したばかりの状況を想像してみてください。社内外から集められたメンバーはまだお互い、どこかよそよそしいです。プロジェクトの最終目標や自分自身が果たすべき役割についての理解が浅いメンバーもいるかもしれません。また、自分のスキルや経験が本当にチームに貢献できるのか、他のメンバーとうまく関係を構築できるだろうか、自分はこのプロジェクトを通じてどんな経験をすることができるだろう、など、どのメンバーも期待と不安でワクワクドキドキしています。この段階の**チーム内のコミュニケーションは非常に表面的**です。まだ本音の議論や不満をぶつけ合うことはせず、できる限り波風を立てないように互いが気を遣っています。

やがて、組織は第2段階の**「混乱期（Storm）」**を迎えます。穏やかに見えていたチーム内にさざ波が立ち始め、それはやがて嵐へと発展していきます。メンバーはチームや他メンバーに対する不満や問題点をあげつらい始めます。「なぜ、あの人の作業量は他メンバーよりも少ないのか。不公平じゃないか！」「彼は会計知識が豊富だという触れ込みだったが、全然できないじゃないか。これでは作業が予定通りに終わらない」「あの人とはどうしてもウマが合わない。担当を変えてほしい」「すでにスケジュールが遅れ始めている。そもそものプロジェクト計画がおかしいのではないか」。そんな不満を水面下だけではなく、プロジェクトルームや会議の場で感情を露わに発言するメンバーが増えてきます。この段階に入ると、**メンバーのモチベーションは不安から絶望へと落ちていきます**。時には、この「混乱期」から抜け出せずに、転職や退職を決断し、チームを自ら離れていく人も出始めます。

しかし、「混乱期（Storm）＝嵐」を通じて、私たちは、初めて本音の議論を始めます。「前から思っていたんだけどさ、あなたっ

チームライフサイクル（タックマン・モデル）

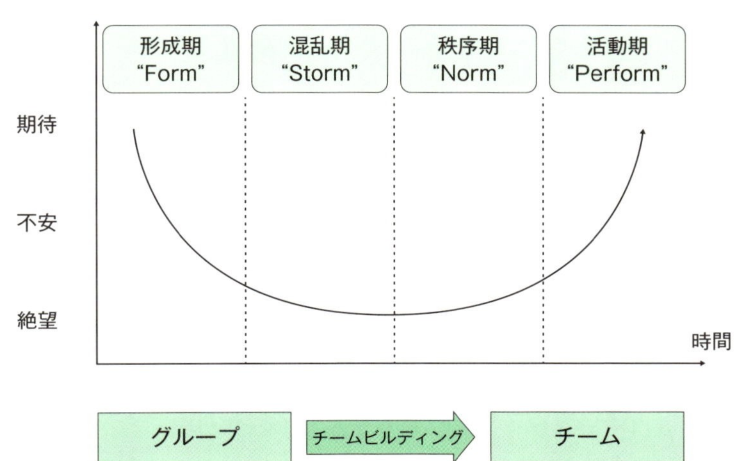

てこういうところがよくないよね」「履歴書を見ると彼は在庫管理の業務設計スキルがあると聞いてたけど、今回のプロジェクトでは少し経験が足りないな。データ設計の役割に変更したほうがいいんじゃないかな？」「メンバーによって、同じ意味を表しているのに使っている単語が違うケースがあるので統一すべきだ」など、心の内を語り出します。

最初から完璧なチームは存在しません。 私たちはぶつかり合いながら、本音の議論を通じて、お互いの違いを理解し始めます。言葉の違い、認識の違い、風土の違い、思考の違い、経験の違い、などなど。多くの違いを認めながら、チームとしてパフォーマンスを発揮するために必要な規律、すなわちルールを設定し始めます。これが第3段階 **「秩序期（Norm）」** です。絶望の淵にあったメンバーたちの心は少しだけ上向きになっていきます。

メンバーは仕事内外のコミュニケーションを通じて、お互いの価値観や考え方、強みや弱みなどを理解していきます。自分の考えや経験を一方的に押しつけるのではなく、お互いの違いについて尊重し合います。そして、自分たちがこのプロジェクトで何を成し遂げるべきなのか、自分はチームにとってどんな貢献ができるのかを理解し、お互いの長所と短所を補完し合いながら、1つのチームへと進化していきます。これが第4段階の **「活動期（Perform）」** です。

■混乱期にこそ、チームが進化する「ヒント」が隠されている

提唱者のブルース・タックマン博士は、チームの成長過程について、以下の2点について大切なアドバイスをしてくれています。

- **どんなに経験豊富で優秀なメンバーが集まっても、すぐに集団がチームとしてパフォーマンスを発揮するわけではない。一定の期間を通じて、これらの4段階すべてを経ていく必要がある**
- **組織は、常に「タックマン・モデル」の左から右に向かって順方向で成長するわけではなく、メンバーの入れ替わりや追加によっ**

て、組織は前段階に戻る場合もある

私自身、何度も経験していますが、どんなプロジェクトも時間が経つと、必ず「混乱期」が訪れます。可能性は100％です。リーダーにとっては、この「混乱期」におけるメンバーとのコミュニケーションには大きな苦痛を伴います。朝、出勤してプロジェクトルームに入っても、覇気のないあいさつ、お互いに目も合わせず、会議をしても手を上げることのないメンバー。本音を口にするのは、プロジェクトルームではなく「タバコ部屋」だけ。喫煙者と非喫煙者の間で広がっていくコミュニケーションギャップ。メンバー間の溝は、さらに深まっていきます。会議でたまに口を開いたと思ったら、リーダーや他メンバーへの不満や愚痴ばかり。

これでは、プロジェクトルームの雰囲気は最悪です。リーダーが自信を失い、プロジェクトの成功をあきらめたくなる瞬間が訪れるのが、この「混乱期」です。

しかし、この「混乱期」にこそ、グループからチームへと進化する鍵が隠されています。「グループ」が「チーム」に昇華するためには2つの条件があります。それは、「お互いの異なる価値観、経験、能力を認め合う」「自分たちは何を目指しているのか、共通のゴールを認識し、協力し合う」ということです。

難易度の高いプロジェクトほど、様々なスキルや経験が求められます。最近では、「多様性（ダイバーシティ）」という言葉も聞かれるようになりましたが、「お互いの違い」を尊重し合うことがプロジェクトでは求められます。

リーダーが覚悟を決めて、メンバーの不満や愚痴に耳を傾けると、そこには多くのヒントがあることに気づきます。「いつも会議で決まったことが実行されない。会議の最後には必ず、課題の解決担当者と目標期限を設定するべきだ」「チーム横断の共通課題について管理する仕組みがないので、問題管理シートを準備してクラウド上で共有したほうが効率的だ」「チームに途中から参画するメンバーのために、プロジェクト用語などをまとめた資料を準備すれば説明の手間が簡略化できる」など、**メンバーは不満や愚痴を通じて、リーダーへの改善要望を発信しています**。もし、リーダーがメンバーとの本音の議論や、時にはリーダーに対する突き上げとも感じられるような話に耳を傾けず、無視を決め込んでいたのでは、チームはいつまで経っても次の段階に発展することはできません。

「混乱期」では、いくらリーダーが会議を開催しても、チームに対して猜疑心を持っているメンバーからの積極的な発言を期待することは難しいでしょう。そのときに有効なのか、**「1対1の打合せ（ワン・オン・ワン）」**です。チームメンバーが10人いたら10回、100人いたら100回やる必要があります。他のメンバーの前では表立って言えないことも、リーダーと2人きりの空間であれば腹を割って話してくれるメンバーもいるはずです。その際には、できる限り、リラックスした雰囲気で、時にはプロジェクトルームとは別の場を設定することが効果的です。リーダーは自分が話したいことを伝えるよりも、**相手の不満や不安、愚痴などにしっかりと耳を傾けてみましょう**。きっと、そこにはチームを救ってくれる多くのヒントが隠されているはずです。

プロジェクトによっては、いつまで経っても「形成期」から、次の段階への移行ができないチームもあります。表面的なコミュニケーションばかりに終始し、一見すると仲良しチームに見えますが、実態はプロジェクトの進捗が芳しくなかったり、問題への解決が先延ばしになっているケースです。コミュニケーションの力を使って、いかにこの「寄せ集め」である「グループ」を、早いタイミングで「チーム」に昇華させていくか、ということが、リーダーの重要な役割です。**混乱や波風を立てることを恐れずに、できるだけ早期に「混乱期」「秩序期」に移行させる**ことで、メンバーの本音とチームの真のパフォーマンスを引き出していきましょう。

メンバーのパフォーマンスを的確に引き出すには

プロジェクトには、経験豊富なベテランメンバーもいれば、社会人になりたての経験の浅いメンバーも混在しています。異なる価値観や経験、スキルを持った人材をまとめ上げ、チーム全体のパフォーマンスを引き出していくのがリーダーの力量とも言えます。

同時に、チームはプロジェクトの目標を達成するための成果物を作成するのみならず、**プロジェクト期間中にメンバーのスキルアップを図る必要もあります**。メンバーの成熟度によって発揮すべきリーダーシップについて、アメリカのリーダーシップ研究センター（Center for Leadership Studies = CLS）のポール・ハーシィーとケネス・H・ブランチャードによって開発された、**「状況対応リーダーシップ（Situational Leadership、SL理論とも呼ばれます）」**についてご紹介します。

SL理論では、**メンバーの成熟度（レディネス；Readinessという表現を使っています）を、「能力（Ability）」と「意欲（Willingness）」の2つの指標で整理しています**。一番低い成熟度のメンバーは「能力」も「意欲」も低いメンバーです。このメンバーをR1と呼んでいます。「能力」は低いが「意欲」は高いメンバーをR2、「能力」は高いが「意欲」が低いメンバーをR3、「能力」も「意欲」も高いメンバーをR4と表しています。

それぞれのメンバーの成熟度に適した、リーダーシップスタイルをそれぞれ、R1にはS1、R2にはS2といったように定義しています。図表の4象限のフレームワークは、**縦軸にリーダーがメンバーに対してとるべき「援助的行動（Supportive）」の度合い、横軸に「指示的行動（Directive）」の度合いを示しています**（159ページ参照）。

たとえば、R1の「能力」「意欲」が低いメンバーについては、チームにおける本人が果たすべき役割や責任を説明し、仕事の具体的なやり方なども指導します。R1メンバーはまだ仕事経験も浅いケースが多いため、毎日の進捗確認や課題確認など細かいマイクロマネジメントを行う必要があります。この段階では、メンバーの自主性を尊重するよりも、リーダーからの具体的な指示を通じて、メンバーがチームへ貢献することを目指します。このリーダーシップスタイルを**「S1：指示型」**と呼んでいます。

R2は、経験不足などにより「能力」は低いものの、自分自身の成長やチームへの貢献など「意欲」が上がってきたメンバーを指します。R1メンバーと同様にまだスキルは十分ではないので、リーダーからの具体的指示は必要です。しかし、意欲はあるので、自分の頭で考えてもらう機会を意識的に増やしていきます。プロジェクトの大方針や最終目標を説明し、「もし、こういう問題が起きたら、君だったらどうすると思う？」というような質問を投げかけ、メンバーの自主性と成長を促します。よって、リーダーからの指示的行動のみならず、メンバーからの意見に対して耳を傾け、援助的行動を行う**「S2：コーチ型」**スタイルが有効と言われています。

R3メンバーへのリーダーシップについては、注意が必要になります。能力も経験もあるはずなのに、なぜかプロジェクトへの意欲が湧いてこない。このようなメンバーに対して、リーダーが口うるさく進捗確認をしたり、気合いを入れろとハッパをかけても逆効果です。

このような場合は、プロジェクトへの不満だけではなく、メンバー自身が個人的な問題を抱えているときもあります。たとえば、自身のキャリアパスや将来への不安、病気や家族の介護といった問題などプロジェクト以外の原因で、意欲がなかなか高まっていないのかもしれません。

こういったときは、リーダーは対面での個別打合せと対話を通じて、意欲が高まらない要因について真摯に耳を傾ける必要があります。R3のメンバーに対しては、いきなり大きな役割や責任を与え

状況対応リーダーシップ (Situational Leadership)

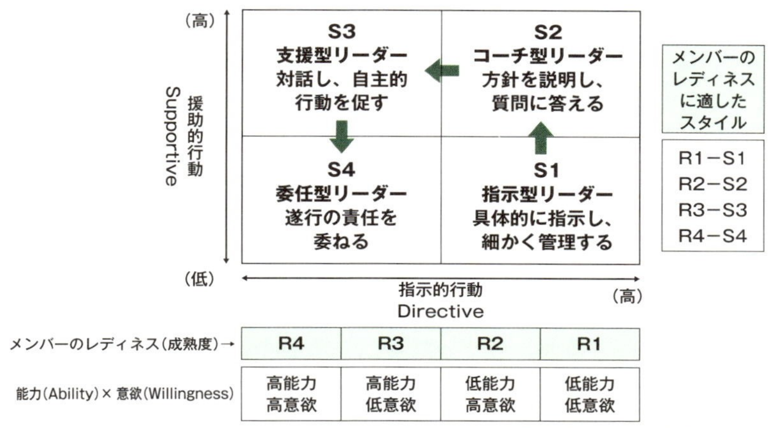

〜引用：「行動科学の展開」ハーシィ＆ブランチャード〜

るのではなく、本人の意思を尊重しながら、リーダーからメンバーへの期待や信頼を伝え、自主性を引き出し、自信を持たせる**「S3：支援型」**のスタイルで接することが重要です。

「能力」も「意欲」も高いR4メンバーは、チームを引っ張る原動力になります。リーダーが動機づけなどを行わなくても、プロジェクト目標の価値や自分自身のチームへの役割を深く理解し、自分たちであればできるはずだという自信をR4メンバーは持っています。このようなメンバーに対して、マイクロマネジメントを行ったり、限定された役割を与えると、自分はリーダーから信頼されていないと感じ、意欲をなくし、R3メンバーへと変化してしまうリスクがあります。

R4メンバーに対しては、リーダーの考える方針やチームが進むべき方向性を深く理解していることを確認したうえで、大胆な裁量権を与え、チームリーダーまたはサブリーダーとしてチーム運営の遂行を委託するほうが、より大きな成果に繋がります。これを**「S4：委任型」**のスタイルと呼びます。

権限を手放すと、楽になる

この「状況対応リーダーシップ」は、1969年に提唱されたモデルであり、今では多くのリーダーシップ研修や関連書籍でも紹介されているので、すでにご存知の方もいらっしゃるかもしれません。しかし、その他の書籍や多くの研修では、「メンバーの成熟度に合わせたリーダーシップスタイルを発揮しましょう」と述べるに留まっているように感じます。

しかし、本当にそんなことが可能なのでしょうか？　私は疑問を持っています。たしかに、上司1人に対して部下1人の関係であれば、可能かもしれません。しかし、プロジェクトでは、リーダーは初対面の異なるバックグラウンドを持つメンバーを多数率いる必要があります。多いときには10名、100名を超える場合もあります。そのときに相手の成熟度を見極め、カメレオンのようにリーダーシップスタイルを変えるのは至難でしょう。

そこで、リーダーであるみなさんにチャレンジしていただきたいのは、**「権限を委譲していく」**ということ。英語では、**「エンパワーメント」**と表されます。

チームの組織力を高めるためには、リーダーは自らが持っている「パワー」を積極的にメンバーに分け与えていく必要があります。「パワー」の中には、知識、技術、経験、スキル、情報、裁量権などが含まれます。真面目なリーダーほど、メンバー全員のパフォーマンスと育成に責任を果たそうとしますが、チームの規模が大きくなるほどそれは難しくなります。そこで、すべてを1人でこなそうとするのではなく、できる限りメンバーを**エンパワーメントしていくことで、チーム全体の底力をつけていきましょう**。

たとえば、成熟度がR1のメンバーに対する指導や管理をR3のメンバーに任せてみる、R2のメンバー育成をR4のメンバーに任せてみる、といったように大胆な責任と権限を与えることで、メンバーの内発的動機づけを引き出していきます。

私自身の経験を振り返ると、この「エンパワーメント」は実はリーダーにとって、つらい決断でもあります。なぜなら、自分が今まで持っていた「パワー」を手放すことは、一種の「別れ」を意味します。どんな人でも、「パワー」を手放すことに、さみしさと不安と躊躇を感じるはず。しかし、**リーダーがいつまでも「パワー」に固執していては、チームの成長はそこで止まってしまいます。**

リーダーはメンバーに積極的に「エンパワーメント」していくことで、新たな役割を自ら創出していくことに繋がっていきます。新しい自分に出会うためにも、ぜひ勇気を持って「手放す」ことにチャレンジしてみましょう。

組織運営のポイント

リーダーは混乱を通じて、単なる寄せ集めである「グループ」を、真の「チーム」へと成長させる。権限を積極的に手放し、メンバーへ「エンパワーメント」することで、チームの底力を引き出す。

武器としてのリーダーシップ

リーダーの役割は、仲良しチームをつくることではなくプロジェクトが目指す**最終目標を達成できるチームをつくること**です。そこで、リーダーには以下の５つの「情報経路（コミュニケーションパイプ）」を意図的に構築していく必要があります。

リーダーは、メンバーよりも多くの高次の情報に触れる機会があります。そこには、会社の経営方針や全社を取り巻く外部環境、最新技術のトレンド、競合他社の動向など、プロジェクトおよびチームに影響を与える情報も多く含まれています。これらの情報は待っていても集まりません。リーダー自ら**「①情報収集者（コレクター）」**として、それらを取りにいく姿勢が求められます。

同時に、リーダーは自分の持っている情報をメンバーに伝達する**「②配給者（ディストリビューター）」**としての役割も持ちます。各メンバーの役割や成果物の作成に有益な情報を取捨選択しながら、適切なタイミングで共有していきます。

情報はリーダーからメンバーへ伝達するだけでありません。メンバーからリーダーに対して、情報を吸い上げる**「③管理者（モニター）」**としての役割も必要です。計画に対する進捗はどうな

リーダーの５つの情報経路

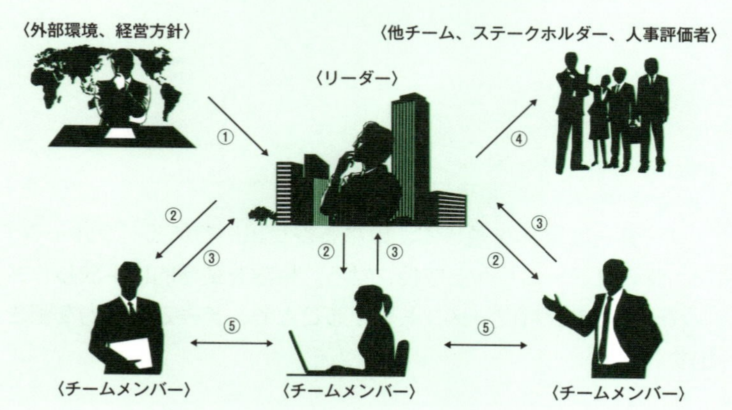

っているか、重要な課題を抱えていないかなどを、随時キャッチする仕組みも必要です。メンバーからの「ホウレンソウ（報告・連絡・相談）」を待つだけでなく、「自己充足的コミュニケーション」（151ページ参照）を使って、何気ない会話も交えながら、メンバーの悩みや不満、不安を取り除いていきます。

また、リーダーはチームの代表です。自分たちのチームの進捗や課題が他のチームの作業にどう影響するのか、常に確認する必要があります。チーム内で解決できないハイレベルな課題についてはステアリングコミッティー（プロジェクト運営委員会）の判断を仰ぐよう、早めのエスカレーション（上位への指示相談）を行います。また、リーダーはチームメンバーの頑張りや貢献を、メンバーの上司や人事評価者へ伝えなければいけません。よって、リーダーは積極的に外部チームへの**「④報道官（スポークスマン）」**としての役割も意識して、チーム外とのコミュニケーションも図っていく必要があります。

最後に見落としがちなのが、**「⑤橋渡し役」**です。フランス語で「リエゾン」と呼びます。リーダーは「リーダーとメンバー」間のコミュニケーションのみならず、「メンバーとメンバー」間のコミュニケーションにも気を配る必要があります。メンバー間で理解や認識のギャップがないか、感情的な対立（コンフリクト）が発生していないかなど、必要があればリーダーは適度な手助けをしていきます。これらのコミュニケーション課題は作業日報や問題管理シートには上がってこないケースが多いので、リーダー自ら現場を歩き回って、手を打っていくことが求められます。

上記の５つの情報経路はチームの規模が大きくなったり、メンバーの多様性が高いときほど、リーダーは意識的に構築していく必要があります。プロジェクトのできるだけ早いタイミング（「タックマン・モデル」の「形成期」）から、それぞれの情報経路の手段（定例会議、個別面談、メール、データベースなど）を計画し、実践しながら改善を続けていきましょう。

STEP 11

問題解決

CASE

問題分析の手法の一つに、トヨタ自動車で有名になった**「5Why（“なぜ”の問いを５回繰り返す）」**があります。

問題の真因を探る非常に優れた手法ではありますが、しばしば、それを「やり過ぎ」てしまうリーダーがいます。プロジェクトにおいて、問題が発生するとメンバーたちは原因分析を行い、リーダーに相談します。その際に、責任感のある慎重なリーダーほど、「本当にそれが根本原因なのか？」「情報はそれですべてなのか？」「他の可能性はないのか？」をメンバーに繰り返し問いかけます。一見すると、問題を「網羅的にとらえる」姿勢は、クライアントから見ると頼もしく映るかもしれませんが、プロジェクトでこのアプローチをやり過ぎることはお勧めしません。なぜならば、執拗な**「網羅志向」には弱点があるからです。**

私が以前、プロジェクトで一緒に働いたリーダーにも「網羅志向」の方がいました。よく言えば「慎重派」、悪く言えば「優柔不断」。彼は問題が発生すると、プロジェクトメンバーに何度も会議での状況説明を指示し、解決アイデアを現場から提示するようにハッパをかけていました。しかし、待てど暮らせど、プロジェクトとしてどの解決策を採用するのか最終決断を下しません。そうしているうちに、新たな問題が勃発し、プロジェクトはあっという間に大混乱に陥ったのでした。

網羅的に情報を収集するには時間がかかります。集まった膨大な情報を分析、決断するにはさらに時間がかかります。多くの問題は、**「時間の経過とともに変化する」**という性質を持っています。よって、限られた時間で目標を達成しなければいけないプロジェクトにおいて、「網羅志向のワナ」にはまると、時間をかけるほどに新たな問題が発生するというジレンマに陥っていきます。

そこで、みなさんにチャレンジしていただきたいのが**「仮説思考」**です。仮説とは、目の前の問題に対して、**「過去の経験や知識から類推される解決策の可能性」**を指します。ここでの**ポイントは、「仮説はあくまでも可能性に過ぎない」**ということです。経験豊富なリーダーほど、自分の限られた経験の中で導かれた仮説に固執する傾向があります。可能性に過ぎない仮説を、「落としどころ(結論)」と定めて猪突猛進してしまうリーダーがいます。

その反面、自分が経験したことのない問題に対しては「知らない、わからない、考えられない」とあっさり思考停止に陥ってしまいます。これでは、チームは方向を見失い、路頭に迷ってしまいます。プロジェクトでは、限られた時間の中で、**限られた情報を基に仮説を立てる**必要があります。そのためにも、リーダーは一人で問題を抱え込み、黙々と分析を行うのではなく、多くのメンバーのスキルや経験を活用しながら、スピーディーに複数の仮説を立て、その時点の最善解を決断していくことで、チームを前に進めていきましょう。

MECE神話を疑え

プロジェクトの不確実性である「阻害要因（リスク）」を定義する大切さについて、私たちはすでに第1章のステップ4で理解しています。しかし、いくら努力をしても、すべてのリスクを事前に100％解決することはできません。**プロジェクトでは「問題」は必ず発生します**。

問題解決で役立つ思考法の中に、MECEという考え方があります。

MECEとは**Mutually Exclusive and Collectively Exhaustive**の略で、日本語では**「モレなく、ダブリなく、問題を分けて、まとめる」**ことを指します。初めてこの単語を聞く方もいらっしゃると思うので、少しだけ要点をおさらいします。

MECEとはどういう状態なのか、右図を参考にして見てみましょう。たとえば、日本の列島の「四国」を「愛媛県」「徳島県」「高知県」「香川県」の4つに分けて整理すると、まさに「モレなく、ダブリなく」全体を表していると言えます。

しかし、もし「女性」という全体を「主婦」「会社員」というグループで分けるとどうでしょうか？　「女性」の中には成人になっていない「赤ん坊」「児童」「生徒」もいるでしょう。また、職に就いていない方や、組織に属さずにフリーランスで仕事をしている方もいるので、「モレがある」状態と言えます。また、「主婦」をしながら「会社で働いている」方もいますので、「ダブリがある」可能性もあります。この分け方はMECEではない状態と言えます。

コンサルティングスキルやロジカルシンキングを扱う書籍の多くで、「問題を整理するときには、MECEが鉄則！」と書かれていますが、これこそ**「言うは易し行うは難し」の典型**。実際に、プロジェクトで発生する問題は様々な要因を含んでいます。第1章のステップ4「阻害要因」で説明した通り、「問題」の要因には、自分た

MECE－「モレなく、ダブリなく」
(Mutually Exclusive and Collectively Exhaustive)

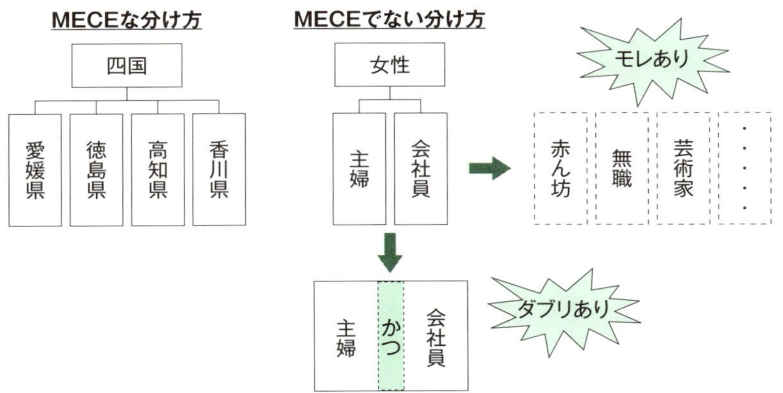

ちではコントロールできない「制約条件」と、自分たちで対処すべき「課題」があります。複数かつ濃淡のある要因が複合的に絡み合っているため、実際にはキレイに「モレなく、ダブリなく」整理することは困難です。

もともと、このMECEという考え方自体は、戦略コンサルティングファームに由来していると言われています。彼らは、短期間でクライアント企業から依頼された事業課題を分析し、解決に向けた仮説を提案します。そのため、限られた時間で効率的に、かつどのコンサルタントが担当しても一定品質で問題解決を行えるようにするためのアプローチとして、MECEを提唱しているからです。

もっとも、問題分析の基本姿勢として、MECEの考え方を理解し、チームで実践しようと心がけることは無駄ではありません。しかし、プロジェクトではクライアント企業や協力企業のメンバーを含め、様々なバックグラウンドやスキルを持つメンバーが参画します。その際にMECEにばかりこだわっていては、**かえって非効率になるケースも多い**と感じています。

そこで、実際にみなさんがプロジェクトの問題解決を行う際にぜひ押さえていただきたいポイントは次の3点です。

1：「モレなく」を優先する（少々、ダブリがあってもよい）
2：グループでまとめるときは「粒度」をそろえる
3：「その他」のグループはできるだけつくらない

問題解決において、**もっとも避けなければいけないのは、「原因の見落とし」**です。MECEのME、すなわち「モレ」があるということは、根本原因に繋がる要素を見落とす可能性を意味します。そのための具体的な対策としては、**「原因の洗い出しは1人でやらない」**ことです。プロジェクトには様々なスキルや経験を持った人々が集まっています。できる限り多くのメンバーの能力を使って、問題の原因となりうる要素を全て洗い出すように心がけましょう。

プロジェクト外から必要なスキルを持った人材をスカウトして、アドバイザーとして一時的に参画してもらうことも有効です。**現場における「ダブリ」は「(問題解決への）打ち手の重複や、現場の混乱」を招きます**。しかし、ある程度、無駄な作業が重複しても結構ですから、まずは「モレなく」に意識を集中してください。

2点目は、バラバラに分けた要因をまとめる際のポイントです。「粒度」とは**「粗さ、または細かさの度合い」**を意味します。もし、先ほどの「四国」のケースで、「愛媛県」「徳島県」「高知県」に続いて、「高松市」という4つのグループで分かれていたら、「モレ」が発生します。同じように、プロジェクトの問題を整理する際に、「業務品質」「データ品質」「システム品質」と同じレベルで、「プログラムの起動方法の理解不足」が並んでいると、全体理解をするうえで誤解を生じかねません。よって、まとめる際には「できるだけ同じレベル感の種別」でまとめるよう注意しましょう。

最後のポイントは議論が分かれるところです。コンサルタントや講師によっては、「『その他』のグループをつくってもいいから、すべて洗い出すべし」と指導する方もいますが、**私は反対**です。

なぜなら、**「その他」とラベリング（レッテルを貼る）された問題は、対応の優先順位が下がる**からです。

うまく分類できないからといって、「その他」に入れてしまっては、せっかく問題を分けた意味がなくなってしまいます。多忙なときほど、うまく分類できないと、エイヤッと「その他」の箱に入れてしまいたくなりますが、問題解決リーダーであるみなさんはぐっとこらえましょう。MECEはキレイに問題を切り分けることが目的なのではなく、解決に向けた実行に移さなければ意味がないのですから。

フレームワークに踊らされるな

問題解決において、MECEと同じくらいの頻度で出てくる言葉として、**「フレームワーク」**があります。フレームワークとは**「問題を分けてまとめるための便利な道具」**です。新人コンサルタントやMBAコースでは経営分析の基本ツールとして、最初に叩き込まれます。実際のビジネスシーンで利用されているフレームワークは数十から100以上に上りますが、ここではプロジェクトでとくに使えるフレームワークとして3つ、ポイントとともにご紹介します。

たとえば、「3C」分析では、「顧客⇒競合⇒自社の順番で分析を行う」「事実（FACT）ベースで分析する」「競合他社は同業とは限らない（たとえば、腕時計の競合はSEIKO、CASIOのみならず、iPhoneなどのスマホも競合になりうる、など）」といったポイントを押さえる必要があります。

また、「SWOT」分析では、「外的要因である機会と脅威から分析する」「環境変化が自社のみならず、顧客のビジネスにどう影響

代表的なフレームワーク一覧

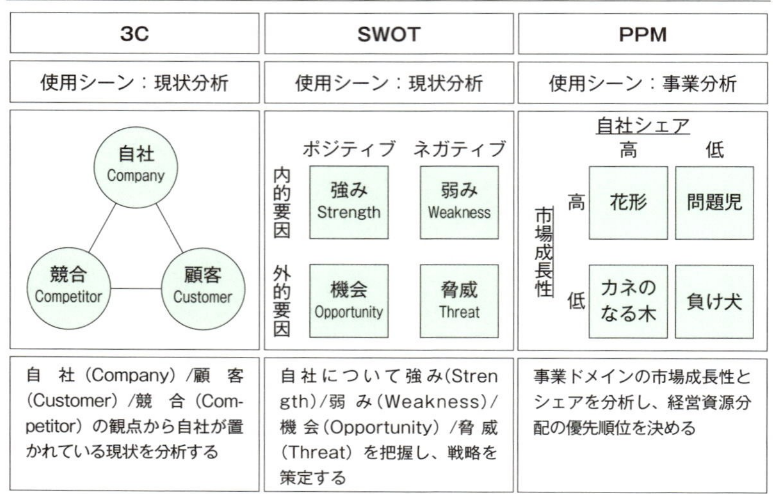

するかを考察する」「強みや弱みは相対評価である。競合を定義できなければ、内的要因は評価できない」「強みは顧客への提供価値につながるものでなければならない」ということを知っておかなければ、的確な分析はできないでしょう。

「フレームワークなんて、自分の普段の業務では使用しないよ」と思われる方もいるかもしれません。しかし、これらのフレームワークは世界中のビジネスシーンで使われており、最近では、一般的なビジネス用語としてお客様とのミーティングでも出てくる場面も増えていますので、この機会に慣れていきましょう。

問題解決におけるフレームワークの利点は大きく次の3点です。

- **原因分析における要素分解と構造化のスピードを上げる**
- **自身の経験やスキルによる思い込みや抜けモレを防止する**
- **異なるバックグラウンドのメンバーでの議論の焦点を合わせる**

フレームワークは「思考の枠組み」です。そのため、過剰にフレームワークで物事を当てはめてしまうと、それ以外の視点が失われ、固定化してしまうリスクもはらんでいます。フレームワークの本質は、いかにして「問題の真因は何かを探る」かということですから、道具に振り回され過ぎないようにしていきましょう。

実際に、私も若手コンサルタントや研修の受講生がフレームワークを間違って利用している場面に多く遭遇します。よく切れる包丁は、自分の指を切ってしまう危険性もあるので要注意です。

問題解決のポイント

どんなに慎重に定義やデザインをしても、プロジェクトでは「問題」が発生することは避けられない。リーダーは、「思考の枠組み」である「フレームワーク」に振り回されないように注意しながら、「問題の根本原因は何か」を、積極果敢に探っていく。

武器としてのリーダーシップ

日本国内には約400万社の企業があると言われています。その内、ほぼ100％の割合で、新人研修として「ホウレンソウ（報告・連絡・相談）」の重要性を教えていますが、同時にほぼ100％の割合で間違った内容が教えられています。

ホウレンソウには時系列があります。まずは、「事前の連絡」です。たとえば、出勤時に電車トラブルで出社が遅れそうなときなど、事前にその旨を上司に連絡する必要があります。また、仕事をしていてわからないことがあれば、「途中の相談」を行います。とくに若手メンバーは、問題が起きてしまうのを事前に防ぐために、言われる前に自分から主体的に上司に相談することを求められます。

それでも、やはり問題は発生します。提案していた営業案件が失注した、クライアントからクレームを受けた、品質トラブルが発生したなど、リスクが問題へと顕在化したときには、速やかに上司に「事後の報告」をすることが求められます。このように、「ホウレンソウ」は新人研修や若手研修で取り扱われ、私も研修講師として目次に入れるようにお客様から依頼されることが多くあります。

しかし、あるとき、私はふと疑問に思いました。この**「ホウレンソウ」は誰が発案したのだろう**、と。調べてみると、バブル経済の始まりの年と言われる1986年、山種証券（現SMBC日興証券）の当時社長であった山崎富治氏の著書『ほうれんそうが会社を強くする』に行き当たりました。当時、内閣総理大臣であった自民党の中曽根康弘氏が政界向けに「ほうれんそうキャンペーン」を実施し、このコンセプトは一気に全国に広まったと言われています。すでに30年以上の前の著書ですが、調査の基本は「原典に当たれ」ですので、さっそく取り寄せてみました。

すると、予想もしなかったような発見がありました。本の中では、なんと**「ホウレンソウ」は「部下」に対する指導ではなく、「上司」に対する指導として書かれていた**のです。

当時の証券会社は毎日が戦場で、上司たちは怖い顔をしてモーレツに仕事に取り組んでいました。部下が相談をしたくても、まったく人を寄せつけない雰囲気で、「仕事なんだから自分で考えろ！」「答えだけ持ってこい！」と一喝していたと想像します。その結果、山種証券でも優秀な若手社員が流出してしまったというエピソードが書かれていました。

プロジェクトにおいても、メンバーが自主的に「ホウレンソウ」をしてくれるはずだという幻想（？）は捨てましょう。ピリピリと張りつめたプロジェクトの状況下では、ギリギリまで問題を隠そうとするメンバーもいるかもしれません。

リーダーはメンバーからのホウレンソウを待つことなく、「困っていることはないか？」「気になっている課題はないか？」「手伝えることはないか？」など、こちらから積極的な声掛けを重ねることで、いつでも気軽に連絡・相談・報告できる土壌づくりを心がけましょう。

ちなみに、部下の嫌がる上司の言動として、「セツメイカイ」と呼ばれるものがあります。調べてみると、「説教」「命令」「介入」の略だそうです。上司からの積極的な「ホウレンソウ」は、ともすれば、「セツメイカイ」として、メンバーから敬遠されてしまう可能性もあるので十分に注意しましょう。

STEP 12

意思決定

CASE

みなさんは、「トロッコ問題」をご存知でしょうか？
下の図をご覧ください。

線路上に１台のトロッコがあります。このトロッコはブレーキが壊れ、制御不能になっているとします。線路の先には５人の作業員がいます。このままでは５人の作業員は暴走トロッコに轢かれ、命を落とします。

みなさんはトロッコの進行方向を変えることのできる分岐器を持っています。レバーを倒せば、トロッコは別の方向へ進むことができますが、そちらには作業員が１人だけいるとします。みなさんは、レバーを倒すことができますか？

この場合、多くの人は他の選択肢がないのであれば、数の論理からレバーを倒すことで、５人の命を救うために１人を犠牲にすることを選びます。しかし、もし、その１人が小さな赤ちゃんだったらどうしましょうか？　または、見ず知らずの５人を助けるのか、自分の家族や友人を１人助けるのか、場合によっては、その１人が自分自身だったら、レバーを倒すことはできるでしょうか？

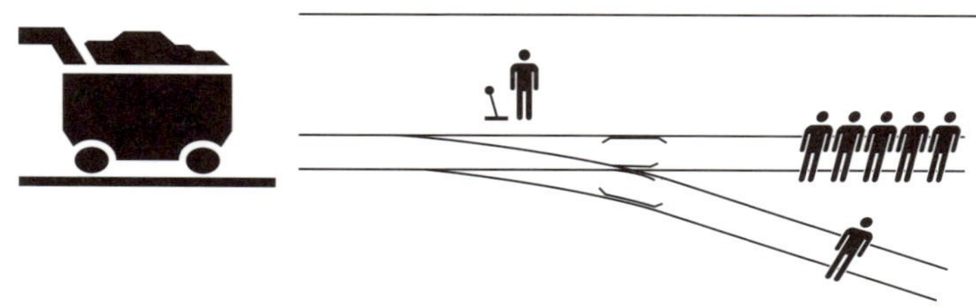

もともと、1967年にイギリスの哲学者フィリッパ・フットが考案したこの思考実験は、道徳的判断や、正義とは何かという倫理的な問題として世間に波紋を投げかけました。近年では、「トロッコ問題」は次世代自動車の自律運転に実装するロジックの構築において、再び脚光を浴びています。

問題の内容は、その後、分岐器ではなく、線路の上を走る橋の上から一人の作業員を背後から突き落として、トロッコを止めるバージョンなども議論されていますが、まだ唯一の正解は示されていません。

ここに、私たち人間だけができる、しなければいけない「決断」と「判断」の違いがあるように、私は感じます。

「判断」とは、複数ある選択肢の中で、過去の実績やデータを基に、もっとも成功可能性が高く、リスクの低いものを比較し、選出することを意味します。すなわち、**「過去を見て、現在を決める」**ことだと言ってもいいでしょう。

それに対して、**「決断」とは、限られた時間と不十分な情報の中で、「自分はこうしたいという意志、未来への行動」**を指しています。「決断」とは「何かを決めたら、他を断る」ということです。多くの場合、決断をすると後戻りはできません。自分が下した**決断には「責任」が伴います**。AI（人工知能）は蓄積された膨大な過去のビッグデータを基に、超高性能CPUで無数の条件分岐の高速計算を行い、もっとも適正な「判断」を瞬時に下すことはできますが、「責任」を伴う「決断」をすることはできません。そう、いつだって、**決断を下せるのは、私たち人間だけ**なのです。

第3章 推進フェーズ

変更管理

組織運営

問題解決

意思決定

リーダーに求められるのは、判断ではなく決断

プロジェクトでは、私たちは多くの意思決定を迫られます。業務要件やシステム要件などの仕様決定、採用するソフトウェアの種類、プロジェクトに招集するメンバー、問題発生時の解決案など、複数ある選択肢の中から、限られた時間の中で、「決める」ことを求められます。一般的に、**リーダーはメンバーよりも多くの「決める責任」を負っています**。そのために、多くの「権限」を与えられています。

リーダーの決断はプロジェクトの未来を決定します。時には、チームを取り返しのつかない結果に導いてしまうかもしれません。力のあるリーダーほど、過去に裏打ちされた、KKD（経験・勘・度胸）で決めてしまいがちですが、本書を手に取っていただいているみなさんには、ぜひ、決断する前に一歩立ち止まってほしいのです。

では、限られた時間と情報の中で、後悔しない決断をするためには何が必要でしょうか？　**決断をするためには、「評価軸」が必要です**。私たちは日々の生活の中でも、無意識のうちに評価軸を設定して、決断をしています。たとえば、何かを選ぶ際に2つ以上の選択肢がある場合に、私たちはそれぞれの「メリット」「デメリット」や、「Pros.（プロス、利点）」「Cons.（コンス、欠点）」などで整理をします。

また、たとえば、友人に近所のお勧めのレストランを教えるときに、複数の評価軸がある場合は、右図のようにX軸Y軸の4象限フレームワークやマトリクスで整理することも有効です。

プロジェクトで評価軸を設定する際に注意いただきたいのは、**「利害関係者が納得できる評価軸になっているか」**という点です。たとえば、みなさんが奥様・旦那様・彼氏・彼女と家電を購入しに行ったとしましょう。2人の頭の中には、「価格」「品質」「デザイ

評価軸の例

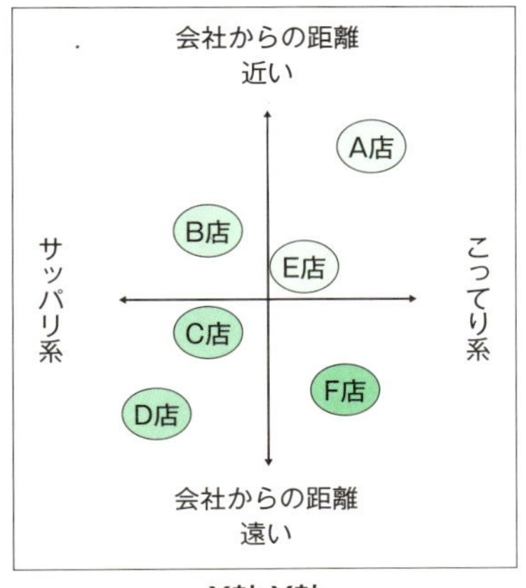

X軸 Y軸

	A店	B店	C店
値段	1200円	800円	1000円
距離	会社から20m	会社から150m	会社から250m
ジャンル	和食	ラーメン	イタリアン
味	◎	○	△
混み具合	12:30以降空いてる	常に激混み	空いてる
テイクアウト	○	×	×
オススメ度	★★	★	★

マトリクス評価

ン」という評価軸が無意識のうちに設定されているはずです。しかし、旦那様は「デザイン」を最優先に選び、奥さまは「価格」を重視していれば、2人の議論は平行線で終わるでしょう。

私がプロジェクトで「問題管理DB（データベース）」や「仕様変更申請DB」を準備する場合は、「重要度」「影響度」「緊急度」の3つの評価軸を設定して、検討する課題の優先順位を明確にし、スピーディーな決断ができるよう心がけています。

「重要度」はプロジェクトの最終ゴールに対する関連性、「影響度」はプログラムやプロセスの変更にかかる想定工数、「緊急度」はスケジュールに対するインパクトを指しており、それぞれ申請者が登録時に5段階から選ぶようにしていました。

しかし、その運用だと、ほとんどの申請者はすべての評価項目を最高ポイント（「自分の問題や要望は重要度も影響度も緊急度も高いので、今すぐに着手すべきだ！」と主張する）をつけてしまうので、それぞれの項目の閾値を定量的に明記し、運用初期には問題判定会議や仕様変更検討会議に担当者を呼び出し、各段階のレベル感についての説明を繰り返し行いました。

と、事業会社を経営していた頃に、こんな経験がありました。スタートアップ企業では、モチベーションの高いメンバーが多く、「あれもやりたい」「これもやりたい」と、夢一杯のアイデアを次々に出してくれます。しかし、会社の経営資源（人・金・時間）の制約から、すべてのアイデアの実現に着手することはできません。

そのときに、社長の一存で「俺はこれが一番いいと思う。絶対に当たるからやろうぜ！」と決断しても、血気盛んなメンバーたちは決して納得しないでしょう。どんな評価軸で選ばれたのか、なぜ、自分のアイデアは評価されなかったのか詳しい説明もないままに作業を指示されても、パフォーマンスを発揮することはできません。

この経験から、私は新規事業を決断する際には、**「顧客視点の価値」「実行までのスピード」「期待できる市場規模」「投資対効果」「（提供者である）自分たちがワクワクできるか」**の5点を基本の評価軸として掲げています。これにより、アイデアを出してくれたメンバーへ論理的に説明もしやすくなり、もし、最初の決断が間違っていたときも、スピーディーな軌道修正がしやすくなりました。

最近では、コンサルティングの一環として、お客様の社内で新規事業アイデアコンテストの審査員などを仰せつかることがありますが、その際もこの評価軸をベースに、お客様企業で大切にされている価値観や技術視点などを加味して、全員が納得できる評価軸を定め、関係者に周知徹底するよう心がけています。

みなさんのプロジェクトにおいても、リーダーの決断に関して、何を軸にしているのかを明確にし、周囲から説明を求められた際に、論理的かつ簡潔に説明できるよう準備をしましょう。

意思決定プロセスは隠さない

プロジェクトにおいて、**決断は始まりに過ぎません**。決断した内容が実行に移されて、初めてチームは一歩前進することができます。意思決定後の実行可能性を高めるために、「評価軸」と同じくらい大切なのが、**「評価プロセス」**です。リーダーは、「誰が」「いつ」「どこで」「どうやって」決めたのかを、チームメンバーに示す必要があります。

みなさんは、国際宇宙ステーション（ISS）にある日本の宇宙実験棟「きぼう」をご存知ですか？　1982年にアメリカ航空宇宙局（NASA）から要請を受け、開発が始まったこのプロジェクトはとてつもなく高い目標と長い年月をかけた壮大なものでした。当時、ロナルド・レーガン大統領率いるアメリカの旗振りの下、ドイツ、フランス、イギリスなどの欧州諸国とともに、日本は宇宙科学研究所や航空宇宙技術研究所が中心となって（※2003年に宇宙航空研究開発機構（JAXA）として統合）、本格的な宇宙開発プロジェクトに参画しました。しかし、その道のりは苦労の連続でした。スプートニク・ショックの宿敵であるはずのロシアのプロジェクト参加、「きぼう」を運搬するはずだったスペース・シャトルの2003年「コロンビア」空中分解事故による使用中止、上がり続ける品質要求、度重なる仕様変更など問題は山積でした。しかし、チームは数々の苦難を乗り越え、2008年から2010年にかけて、3回にわたり担当モジュールのISSへの運搬を成功させ、基本要素の設置を予定通り完了することに成功したのでした。

これだけの大規模で、かつ複雑極まりないプロジェクトの成功の秘訣は何だったのでしょうか？　実は、そこには卓越したプロジェクトマネジメントが行われていたのでした。詳細は、実際に「きぼう」プロジェクトマネージャーを歴任した元JAXA理事の長谷川義幸氏の著書『「きぼう」のつくりかた』に譲りますが、その中からとくに重要な点を以下にまとめます。

プロジェクト成功の秘訣は、「意思決定」の手法にありました。プロジェクトでは、毎週火曜日に「設計会議」が開催されており、関係者は誰でも参加することができました。そこでのルールは「具体的な要件の設定」「課題解決に向けた意思決定」を行う、ということでした。それまで、チームは個別最適でそれぞれが固有の要望をぶつけ合っていたため、モジュール間やプログラム間のインターフェースの仕様が一向に決まらず、機器の手配もできない状況でした。しかし、この設計会議が「意思決定」の場として認知され、関係者が一堂に集まり「きぼう」全体での最適な技術要求は何かを真摯に議論するようになってから、プロジェクトは一気に前進するようになったのです。

プロジェクトでは、議論が空中戦になることを避けるために、「運用シナリオ」「技術的実現性」「実現コスト」「トレードオフ案の妥当性」などの「評価軸」を明確に定めていました。そして、議論の流れと決定事項をすべて、文章で開発関係企業に公開していました。この運用プロセスは、すべてのプロジェクト関係者に受け入れられました。やがて、現場で問題が発生すると、すぐに「設計会議」にかけ、迅速な意思決定を行うという暗黙のルールがプロジェクト全体に広まっていきました。

長谷川氏は言います。

プロジェクトはとにかく時間がないのだから、課題が60%くらい固まったら、すぐに設計会議にかけて、その場で意思決定する。Quick is beautiful（早さは美学）だよ。

プロジェクトで発生した問題が大きく、複雑なときほど、多くの人の協力を得る必要があります。そのときに、「なぜ、その解決策が選ばれたのか」「どんな議論を経て、誰が決めたのか」といったプロセスを明らかにせずに、密室で秘密裏に決定された事項を一方的に対応するよう指示したのでは、メンバーは当事者意識を持って取り組むことは難しいでしょう。リーダーは、問題解決に向けて周囲を巻き込むためには、**「評価軸」のみならず、「評価プロセス」についても積極的に共有していきましょう**。

プロジェクトの成功率をさらに高めるために、もう一歩踏み込んでいただきたいポイントは、**「評価軸と評価プロセスの決定については、キーマンを事前に巻き込む」**ということです。

私がプロジェクトマネージャーを担当したプロジェクトでの出来事です。クライアントからの依頼は、新商品に関する市場調査を行い、チャネル（販売網）評価をせよ、といった内容でした。チームは、お客様社内のキーマンにインタビューを行い、「評価軸」の策定から着手しました。「立地」「店舗の床面積」「対象顧客層」「売上規模」「時間帯別回転数」「物流拠点数」「倉庫規模」などを設定しました。お客様にも積極的に協力いただき、十分なボリュームの信用できる実績データを短期間で収集することができました。

しかし、準備万端で迎えた最終発表で、事件は起きました。それまで、一切プロジェクトに関わっていなかった、海外販社の担当部長が私たちの提案に噛みついてきたのでした。

「あんたたちの提案は現場の責任者としては、到底、受け入れられない。そもそも、その評価軸自体、オレは聞いてないぞ！　誰がこの調査方法にゴーサインを出したんだ！　断じて、納得できない！」。担当部長のあまりの剣幕に、会議室は静まり返りました。

チームはお客様と合意している体制図の中でキーマンを定義し、インタビューを重ね、評価軸と評価プロセスについて合意をとっていたつもりでした。しかし、現場の運用までを意識した「真のキーマン」を巻き込むことを見落としていたのは、リーダーである私のミスだったと反省しています。

「意思決定」はリーダーの責任ではありますが、独りよがりになってはいけません。プロジェクトを後戻りさせないためには、**「評価軸」と「評価プロセス」の透明性をできる限り高め、関係者を巻き込む仕掛けを構築していきましょう。**

■確証バイアスのワナに気をつけろ

私は時間ができると、地元湘南の相模湾や東京湾、駿河湾、外房などに「海釣り」に出かけます。ヒラメ、真鯛、太刀魚、イサキ、カサゴなど、「釣って良し、食べて良し」の魚を狙いに、釣り船にいそいそと乗り込んでいます。時には、大型のヒラマサやブリなどを追いかけて、九州の対馬沖まで遠征することもあります。今まで20年以上、多くの釣友（ちょうゆう、と読みます）たちと船に乗り、竿を出してきました。何十万円もするような豪華なリールと竿を何本も持つ人もいれば、自作の和竿やルアーで圧倒的な釣果を誇る名人級の人もいます。釣り人たちは、みんな思い思いの道具や技術と知識を駆使して、毎回の釣行にベストを尽くします。もしかしたら、仕事以上に真剣かもしれませんが。

しかし、いくら高価な道具を揃えても、何十年も経験を積んでも、同じ船に乗っている釣り人の間で、毎回、釣果に大きな差が出ます。どんな状況でもコンスタントに結果を出す釣り人と、周囲は釣れているのに一人だけ釣れない釣り人の間には決定的な違いがあると、私は考えています。

それは、**「確証バイアス」**です。確証バイアスとは心理学における用語で、「個人の先入観および仮説に基づいて他者を観察し、自分に都合のいい情報だけを集めて、それにより自己の先入観や仮説を補強する現象および傾向」を指します。海は常に変化し続けています。風の強さや向き、潮の満ち引き、魚の活性、海底の変化など、多くの不確定要素があります。前回、同じ場所で魚が釣れたとしても、今回も釣れるとは限りません。

釣果のいい人ほど、**結果が出ないときの意思決定が迅速である**ように感じます。「今日の潮は早いから、仕掛けをいつもより重くしてみよう」「魚の活性がよくないから、エサを変えてみよう」「タナ（魚がいる層）を少し深めに探ってみよう」と、複数の仮説を立てながら、検証を繰り返し、軌道修正を図っていきます。

それに対して、釣果の悪い人は「このルアーはよく釣れるはずだ。もう少し粘ってみよう」「たまたまタイミングが悪いだけに違いない。そろそろ、自分にもツキが回ってくるだろう」と、確証バイアスのワナにはまり、**意思決定のタイミングを逃しています**。しかし、納竿（竿を納めること）の時間は決まっています。決断が遅ければ、新たな打ち手の検証の回数も自然と減ってしまいます。

プロジェクトも同様です。「有期性」の取り組みの中で、成果を出すためには、迅速かつ適切な意思決定と仮説検証を繰り返していく必要があります。しかし、過去の輝かしい成功体験の多い人や、「成功したい」という気持ちが強過ぎる人ほど、「こうに違いない」「こうであってほしい」といった自分の思い込みや願望に縛られて、なかなか決断することができません。

状況は常に変化します。いくら綿密にプロジェクトを設計しても、「想定外」は必ず起こります。その際に、意思決定のタイミングを逃すことのないように、「自分を疑う」クリティカルシンキング（批判的思考）を常に意識し、実践していきましょう。

意思決定のポイント

いくら技術が進歩しても、AI（人工知能）は「判断」はできても、責任を伴う「決断」はできない。リーダーは、実効性のある決断をするために、「評価軸」と「評価プロセス」を明確に定め、共有することで周囲を巻き込んでいく。

武器としてのリーダーシップ

どんなに経験豊富なリーダーでも必ず失敗をします。むしろ、経験が豊富だからこそ、失敗を繰り返すといっても過言ではありません。優秀なリーダーがなぜ意思決定を間違えてしまうのか、リーダーの失敗の「クセ」を知るために、『High Altitude Leadership（最高峰のリーダーシップ）』という興味深い本について紹介しましょう。

著者のクリス・ワーナー氏はK2やキリマンジャロといった標高7500m以上の世界最高峰の山々に150回以上も登頂している冒険家です。同時に、アメリカのペンシルバニア大学ウォートンスクールにてエグゼクティブMBAコースのリーダーシップ担当客員講師も務めています。

ワーナー氏によると、卓越した登山技術と豊富な経験を持ったリーダーであっても、「デスゾーン（死の領域）」と呼ばれる、極度に酸素が不足し、生存を脅かす標高8000mといった極限の状況では、間違った判断をすることがある、と述べています。そして、その原因のほとんどは、以下に代表されるような、内面的な「自己要因」に起因していると説明しています。

- 死への恐怖
- 道具や手法への過信
- 英雄気取り
- 現状満足
- 身勝手さ
- ごう慢さ
- 過度の臆病さ
- 不確実さ／不運

登山チームと企業におけるチームには類似点がある、とワーナー氏は指摘します。どちらも困難なミッション（使命）に対して、情熱を持って全力で取り組みます。目指すゴールが高いときほど、様々な能力と経験を持ったメンバーが集まります。謙虚で慎重な性格のメンバーもいれば、自信に満ち溢れたナルシストもいるでしょう。一癖も二癖もあるような、多様性に溢れたメンバーを率いるリーダーは、先見性を備えた高い戦略性と周囲を動かす強い影響力を持っています。

しかし、「力強い」リーダーほど、自分を過信する傾向があります。みなさんが成功体験を重ねるごとに、表立って反対意見を言うメンバーは周囲からいなくなります。気づくと、リーダーは「孤独」の中で、1人で重要な意思決定をする状況に陥っていきます。誰にも相談できない環境の中で、自分の信念や価値観と照らし合わせながら、培ってきた知識と経験を基に大胆な決断を行った結果、チームを奈落の底に突き落とす結果になることもあるかもしれません。

プロジェクトにおいて、仕様追加、スコープ変更、スケジュール延長、メンバー交代などの重要な意思決定は、リーダーに託されます。しかし、すべてを1人で抱え込むことがリーダーの責任ではありません。周囲のサポートやアドバイスを真摯に仰ぎ、その時点でもっともベストだと思われる意思決定を下すことで、チームに方向性を示すことが、リーダーに求められている役割であり、責任なのではないでしょうか？

リーダーであっても人間です。自分の不完全さを受け入れながら、最後まで粘り強くいきましょう！　リーダーの本気は、メンバーに必ず伝わります。詩人ゲーテの言葉「星の如く、焦らず、しかし休まず」の精神で、プロジェクトチームという大きな船を、目指す目標に向けて、力強く前に進めていきましょう！

12ステップのまとめ

■ 定義フェーズ

最終目標のポイント

リーダーはプロジェクトのゴール（最終目標）を「自分の言葉」で「SMART」に語ろう。ゴールを達成するとどんなビジョン（理想像）が見えるのか、メンバーがワクワクするような夢を描こう。

対象範囲のポイント

リーダーは「何をやるか」だけではなく、「何をやらないか」を定義しよう。プロジェクトの成果の三要素（形状、基準、プロセス）を定義し、マイルストンに組み込む。

利害関係者のポイント

利害関係者はプロジェクトの「アクセル」と「ブレーキ」になる。リーダーはできる限り早いタイミングで、プロジェクト内に潜む「コンフリクト（対立）」を洗い出す。上がり過ぎた期待は下げ、下がり過ぎた失望は上げるように、期待値を管理する。

阻害要因のポイント

リーダーは、起きてしまった「問題管理」よりも、起きる前の「リスク管理」を優先する。「発生可能性」と「影響度」で優先順位を決め、メリハリのついたリスク解決に注力しよう。

■ デザインフェーズ

資源見積のポイント

資源見積りにおいて、安易な「誠意」「遠慮」はデスマーチを招く。リーダーは「コンティンジェンシー（不測の事態）」を見込んだ根拠のある見積りを作成し、「バッファマネジメント」を通じて、チームを最終ゴールまで導く。

体制構築のポイント

プロジェクトで完全無欠の「ドリームチーム」をつくることは不可能。リーダーはメンバーの弱みではなく、強みに目を向ける。体制図をつくって満足するのではなく、一人ひとりの役割と責任を明確にし、肩書にこだわらずに適材適所に人材を配置する。

作業設計のポイント

リーダーはIPO（インプット・プロセス・アウトプット）を定義し、メンバーのスキルレベルを考慮しながら作業設計を行う。クリティカルパス（最長経路）を重点的に管理することで、スケジュール遅延を未然に防ぐ。

規範設計のポイント

守られないルールでは意味がない。リーダーは、全員が「納得できる」「シンプル」なルールをつくる。その中でも、会議体のルール設計はプロジェクトの生産性に大きく影響する。会議への参加人数のバランスに注意して、会議体を設計しよう。

■ 推進フェーズ

変更管理のポイント

変更管理はリーダーの胆力が試される。変更要求の重要度と緊急度を見極め、感情や疲れに左右されずに冷静に判断を下す。NO（却下）と言うだけなら誰でもできる。なぜ、無理なのかを相手に論理的に伝え、代替案を提案するよう心がけよう。

組織運営のポイント

リーダーは混乱を通じて、単なる寄せ集めである「グループ」を、真の「チーム」へと成長させる。権限を積極的に手放し、メンバーへ「エンパワーメント」することで、チームの底力を引き出す。

問題解決のポイント

どんなに慎重に定義やデザインをしても、プロジェクトでは「問題」が発生することは避けられない。リーダーは、「思考の枠組み」である「フレームワーク」に振り回されないように注意しながら、「問題の根本原因は何か」を、積極果敢に探っていく。

意思決定のポイント

いくら技術が進歩しても、AI（人工知能）は「判断」はできても、責任を伴う「決断」はできない。リーダーは、実効性のある決断をするために、「評価軸」と「評価プロセス」を明確に定め、共有することで周囲を巻き込んでいく。

【著者紹介】

中鉢　慎（ちゅうばち・しん）

◉——1993年に国際基督教大学（ICU）を卒業後、アンダーセンコンサルティング（現アクセンチュア）に入社。チェンジマネジメント（変革管理）部門に所属。その後、スペイン（アンダルシア）に渡り、人生を見つめ直す。日本に帰国後、プライスウォーターハウスクーパースに入社、製造業向け業務改革、システム改革のプロジェクトリーダーとして、日本、アメリカ、中国に駐在。その後、日本アイ・ビー・エム（IBM）と経営統合し、IBMビジネスコンサルティングサービスに入社。主に、トラブルリカバリーのプロとして、多くのプロジェクトに参画し、全社のプロジェクト品質を向上させるデリバリーエクセレンスタスクフォースを兼任。コンサルタント育成のリーダーシップ研修の立ち上げおよび講師を担当。2005年にはIBMアジアパシフィック地区のリーダーシップアワードを受賞する。その後、日本IBMの経営企画部に異動。

◉——2006年にインターネットベンチャー（動画配信プラットフォーム）のスタートアップに参画。経営戦略本部長、法人営業担当取締役を経て、2010年に代表取締役社長に就任。2011年に法人研修およびコンサルティング事業を行うディアマンテス株式会社を創業。2014年に次世代教育事業を行うテラス株式会社を共同創業。現在、2社の経営に携わりながら、国内、世界を飛び回っている。年間に150回以上の研修に登壇し、過去20年間での研修の受講者数は2万人を超える。

◉——2018年より早稲田大学人間科学部にて、教育工学をリカレント（学び直し）中。2男1女の父親。著書に『仕事ができるようになりたければ釣りをしろ』『リーダーになりたければ海へ行け』（ともにつり人社）がある。

外資系コンサルが教える難題を解決する12ステップ
プロジェクトリーダーの教科書　〈検印廃止〉

2018年7月17日　第1刷発行

著　者——中鉢　慎
発行者——齊藤　龍男
発行所——株式会社かんき出版
東京都千代田区麹町4-1-4 西脇ビル　〒102-0083
電話　営業部：03(3262)8011㈹　編集部：03(3262)8012㈹
FAX　03(3234)4421　　振替　00100-2-62304
http://www.kanki-pub.co.jp/
印刷所——大日本印刷株式会社

ISBN978-4-7612-7356-9 C0030